1000
महाभारत
प्रश्नोत्तरी

1000
महाभारत प्रश्नोत्तरी

राजेंद्र प्रताप सिंह

प्रकाशक

प्रभात प्रकाशन प्रा. लि.

4/19 आसफ अली रोड, नई दिल्ली–110002

फोन : 011–23289777 • हेल्पलाइन नं. : 7827007777

इ–मेल : prabhatbooks@gmail.com ❖ वेब ठिकाना : www.prabhatbooks.com

संस्करण

2025

पेपरबैक मूल्य

तीन सौ पचास रुपए

मुद्रक

नरुला प्रिंटर्स, दिल्ली

★

1000 MAHABHARAT PRASHNOTTARI

(1000 Mahabharat Quiz Book)

by Shri Rajendra Pratap Singh

Published by **PRABHAT PRAKASHAN PVT. LTD.**

4/19 Asaf Ali Road, New Delhi-110002

ISBN 978-93-5186-857-6

₹350.00 (PB)

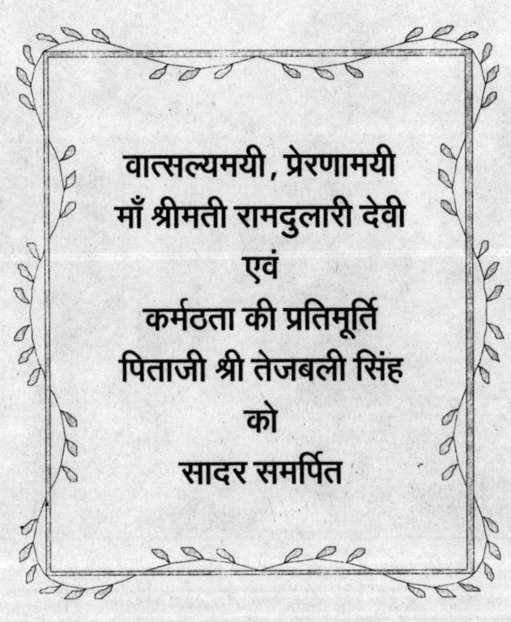

वात्सल्यमयी, प्रेरणामयी
माँ श्रीमती रामदुलारी देवी
एवं
कर्मठता की प्रतिमूर्ति
पिताजी श्री तेजबली सिंह
को
सादर समर्पित

यदा यदा हि धर्मस्य ग्लानिर्भवति भारत।
अभ्युत्थानमधर्मस्य तदात्मानं सृजाम्यहम्॥

पुरोवाक्

भारतीय संस्कृति ज्ञान का भंडार है। माध्यम इसका संस्कृत भाषा है। प्रमुख विशेषता इसकी सहिष्णुता है। अपनी इसी विशेषता के कारण हमारी संस्कृति विदेशी आक्रांताओं से काफी प्रभावित हुई है। आज़ हम किसी भी क्षेत्र में दृष्टिक्षेप करें तो बहुलांश में भारतीय संस्कृति ही दृष्टिगोचर होती है—चाहे वह राज-व्यवस्था का क्षेत्र हो, समाज-व्यवस्था का क्षेत्र हो, साहित्य का क्षेत्र हो अथवा विज्ञान का। राज-व्यवस्था के क्षेत्र में भारत (तत्कालीन आर्यावर्त) ही एकमात्र वह देश है, जहाँ मनुस्मृति से प्रारंभ होकर याज्ञवल्क्यस्मृति, नारदस्मृति, पाराशरस्मृति और कौटिल्यीय अर्थशास्त्र तक जो भी राजा, राजपरिषद्, राजकीय कर-विधान, दंड-व्यवस्था आदि के मानदंड दिए गए, वे आज भी संसार के लगभग सभी देशों के संविधान में किसी-न-किसी रूप में पाए जाते हैं। हाँ, यह अवश्य हुआ है कि उसमें यदि कुछ जोड़ा गया है, तो कुछ घटाया भी गया है। विज्ञान के क्षेत्र में भी देखें। आज से युगों पहले भगवान् श्रीराम लंका-विजय के पश्चात् पुष्पक विमान द्वारा अयोध्या प्रस्थान करते हैं, और रावण के विरुद्ध युद्ध में जिन प्रक्षेपास्त्रों का प्रयोग करते हैं, वे सभी आज के आयुधागारों में नाम और रूप बदलकर आधुनिक विज्ञान की देन बताए जा रहे हैं। महाभारत में धृतराष्ट्र को उनके मंत्री संजय हस्तिनापुर में ही बैठे हुए दिव्य दृष्टि से कुरुक्षेत्र युद्ध का वर्णन करते हैं।

तात्पर्य यह है कि कोई भी ऐसा क्षेत्र नहीं, जिसमें आधुनिकता का मूल भारतीय संस्कृति में विद्यमान न हो। हाँ, समय-समय पर विदेशी आक्रांताओं—शकों, हूणों, यवनों, मुगलों—ने इसे छिन्न-भिन्न करने का पूरा प्रयास किया; परंतु संस्कृत भाषा में उनकी पूरी पैठ न होने के कारण वे पूर्णरूपेण सफल न हो सके। अठारहवीं शती में अंग्रेजों का आगमन इसके पूर्ण विनाश की पूर्व नियोजित योजना के साथ हुआ, जो विनाश करने में तो सफल नहीं हो पाए, हाँ, अपनी भाषा और संस्कृति को थोपने में अवश्य सफल हो गए। देश की शक्ति को क्षीण करने की उनकी यह योजना आज के भारतीय जनमानस में गहरे तक प्रवेश कर चुकी है।

हमारी प्राचीन संस्कृति और आज की पाश्चात्य सभ्यता में लिप्त भारतीय जनमानस के रहन-सहन, खान-पान, वेशभूषा, बोल-चाल और यहाँ तक कि अभिवादन के तौर-तरीके ध्यातव्य हैं। यही कारण है कि आज की पीढ़ी अंग्रेजी भाषा-प्रयोग को आत्मगौरव का प्रतीक मानते हुए संस्कृत भाषा को हेय दृष्टि से देखने लगी है। उसे यह भी पता नहीं कि संस्कृत भाषा ही वह असीम सागर है, जिसमें गोते लगाकर रत्नों का ढेर निकाला जा सकता है। सागर में गोता लगाना और अथाह जल के तल तक पहुँचकर एकाध रत्न लेकर बाहर आना अत्यंत दुष्कर कार्य तो है ही और जिसे मैं रत्नों का ढेर कह रहा हूँ उतने तक पहुँचने में तो अकल्पनीय श्रम, साहस और समय की आवश्यकता होती है; परंतु यह श्रम और साहस किया है नवोदित साहित्यकार श्री राजेंद्र प्रताप सिंह ने।

आज की युवा पीढ़ी से यदि पूछा जाए कि राजा दशरथ के कितने पुत्र थे और उनकी किस रानी के गर्भ से कौन सा पुत्र जनमा था, तो शायद ही कोई बता पाए; युवा पीढ़ी की बात छोड़िए, किसी विद्वन्मंडली में आप पूछ बैठें कि महाभारत युद्ध में पहले दिन कौरवों ने जिस व्यूह की रचना की थी उसका क्या नाम था, अथवा अर्जुन का नाम 'गुडाकेश' क्यों पड़ा, तो लोग अपनी असमर्थता ही जताएँगे। राजेंद्रजी ने अपनी लघु वय में इतने श्रमसाध्य कार्य को करने का बीड़ा उठाया और इतने अल्प समय में एक-एक मोती चुनकर जिस माला का सृजन किया उसका नाम है—'1000 महाभारत प्रश्नोत्तरी'। 'मोती की माला' कहकर संभवतः मैं गलती कर रहा हूँ। यह तो ऐसा हार है, जिसमें भिन्न-भिन्न आकार और अनेक रूपोंवाले रंग-बिरंगे रत्न पिरोए गए हैं, जिनकी छटा ही निराली है। महाभारत नामक सागर में गोता लगाने पर लेखक को जो रत्न मिले, वे हैं—'क्या नाम था', 'नामों की निर्मिति', 'रोमांचक जानकारियाँ', 'संबंधों का सागर', 'संख्याओं को भी जानें', 'महत्त्वपूर्ण स्थान', 'किसने क्या कहा था' तथा 'वरदान और शाप' आदि। यह पुस्तक न केवल विद्यार्थियों-शोधार्थियों के लिए परीक्षोपयोगी-शोधोपयोगी सिद्ध होगी अपितु विद्वानों और धार्मिक-पौराणिक चर्चा में रुचि रखनेवाले सामान्य जनों के लिए भी ज्ञानवर्धक सिद्ध होगी।

श्री राजेंद्र प्रताप सिंह को मैं अपना हार्दिक शुभाशिष् प्रेषित करते हुए माँ सरस्वती से यह प्रार्थना करता हूँ कि वह भविष्य में भी उन्हें इसी प्रकार की श्रेष्ठ कृतियों का सृजन करने की प्रेरणा प्रदान करें। अस्तु!

दिल्ली

विजयादशमी, संवत् 2059

—राज बली पांडेय

स्वकथ्य

महाभारत को 'पंचम वेद' कहा गया है। यह ग्रंथ हमारे देश के मन-प्राण में बसा हुआ है। यह भारत की राष्ट्रीय गाथा है। इस ग्रंथ में तत्कालीन भारत (आर्यावर्त) का समग्र इतिहास वर्णित है। अपने आदर्श स्त्री-पुरुषों के चरित्रों से हमारे देश के जन-जीवन को यह प्रभावित करता रहा है। इसमें सैकड़ों पात्रों, स्थानों, घटनाओं तथा विचित्रताओं व विडंबनाओं का वर्णन है।

यद्यपि महाभारत के संबंध में, इसके इतिहास के संबंध में थोड़ा-बहुत जाननेवालों की संख्या लाखों में है, तथापि बहुत कुछ जानना शेष रह जाता है। महाभारत जैसे विस्तृत कलेवरवाले ग्रंथ का पारायण कर उसे आत्मसात् कर पाना श्रमसाध्य तो है ही, समयसाध्य भी है। ऐसे में एक ऐसी पुस्तक की आवश्यकता अनुभव होती है, जो अल्प समय में ही पाठकों को अपने विषय की केंद्रीय और महत्त्वपूर्ण जानकारियाँ प्रदान कर सके। इस दृष्टि से यह पुस्तक गागर में सागर है। वास्तव में महाभारत जैसा विषय एक ऐसे समुद्र की भाँति है, जिसमें जितने गहरे उतरते जाएँगे उतना ही प्राप्त होता जाएगा। यद्यपि महाभारत के अंतरंग में अपार ज्ञानराशि स्थित है, तथापि उस सबको एक स्थान पर उपस्थित कर पाना संभव नहीं, तथा तब तो यह और भी संभव नहीं, जब हम 1000 प्रश्नों की सीमा में बँधे हों।

प्रस्तुत पुस्तक के प्रणयन का उद्देश्य ऐसे पाठकों को महाभारत संबंधी ज्ञान से संपन्न और समृद्ध कराना है, जो महाभारत के विषय में अभिरुचि रखते हैं और इसमें वर्णित घटनाओं, पात्रों एवं स्थानों तथा कथाओं-उपकथाओं के संबंध में अल्प समय में ही अधिकाधिक जानना चाहते हैं। यह पुस्तक पाठकों को बहुत सुगमता से महाभारत की प्रमुख घटनाओं और महत्त्वपूर्ण संदर्भों से तो परिचित कराती ही है, उसमें वर्णित रोचक, रोमांचक, जिज्ञासापूर्ण एवं आश्चर्यचकित कर देनेवाले अनेकानेक संदर्भों की भी जानकारी प्रदान करती है।

प्रस्तुत पुस्तक में प्रश्नों के माध्यम से जहाँ एक ओर पितामह भीष्म, आचार्य द्रोण, कर्ण, अर्जुन, भीम, अभिमन्यु, अश्वत्थामा, धृष्टद्युम्न जैसे पराक्रमियों के अद्‍भुत व अलौकिक शौर्य तथा बल-विक्रम का वर्णन है वहीं दूसरी ओर महाभारत में वर्णित ऋषियों-मुनियों, देवर्षियों, राजर्षियों एवं महर्षियों के महान् व पवित्र चरित्रों का भी परिचय प्राप्त होता है। इसके अतिरिक्त विभिन्न शस्त्रास्त्रों, दिव्यास्त्रों एवं उनके प्रयोगों और प्रयोग के पश्चात् परिणामों की जानकारी के साथ ही महाभारतकालीन नदियों, पर्वतों, राज्यों, नगरों तथा राज्याधिपतियों का रोचक और सुस्पष्ट संदर्भ जानने को मिलता है। साथ ही लगभग दो सौ विभिन्न पात्रों के माता, पिता, पत्नी, पुत्र-पुत्री, पितामह, पौत्र, नाना, मामा आदि जैसे संबंधों का विस्तृत एवं खोजपरक विवरण भी। 'क्या नाम था', 'रोमांचक जानकारियाँ', 'नामों की निर्मिति', 'संबंधों का सागर', 'वरदान और शाप', 'काल के गाल में' तथा 'संख्याओं को भी जानें' जैसे प्रमुख अध्यायों सहित कुल चौदह अध्यायों में संगृहीत 1000 प्रश्नों की यह पुस्तक वस्तुतः महाभारत से संबंधित संदर्भ कोश है। यह पुस्तक आम पाठकों के लिए तो महत्त्वपूर्ण है ही, लेखकों, संपादकों, पत्रकारों, वक्ताओं, शोधार्थियों, शिक्षकों व विद्यार्थियों के लिए भी अत्यंत उपयोगी है।

पुस्तक के अंत में तीन परिशिष्ट दिए गए हैं। **परिशिष्ट-1** में 'पांडवों और कौरवों का वंश-वृक्ष', **परिशिष्ट-2** में 'महाराज धृतराष्ट्र के सौ पुत्रों की सूची' तथा **परिशिष्ट-3** में 'अक्षौहिणी सेना की रचना' का वर्णन है। आशा है, तीनों परिशिष्ट पाठकों हेतु उपयोगी होंगे।

प्रस्तुत पुस्तक को तैयार करते समय प्रिय जीवनसंगिनी श्रीमती उषा सिंह ने जिस आत्मीयता से सहयोग दिया वह अविस्मरणीय रहेगा।

—राजेंद्र प्रताप सिंह

266, डबल स्टोरी, वेलकम
सीलमपुर-III, दिल्ली-110053

कहाँ क्या है

1

क्या नाम था

1. उस वन का क्या नाम था जिसे जलाकर पांडवों ने वहाँ इंद्रप्रस्थ नगर बसाया था?

   (क) काम्यक (ख) द्वैत

   (ग) खांडव (घ) सौगंधिक

2. उस राक्षसी का क्या नाम था जिसने दो टुकड़ों में विभक्त शिशु जरासंध को एक में जोड़ दिया था?

   (क) हिडिंबा (ख) कामकंटकटा

   (ग) पूतना (घ) जरा

3. महाभारत युद्ध के अंतिम दिन पराजित हो जाने के पश्चात् दुर्योधन जिस सरोवर में जा छिपा था उसका क्या नाम था?

   (क) मानसरोवर (ख) ब्रह्म सरोवर

   (ग) पुष्पक सरोवर (घ) द्वैपायन सरोवर

4. जिस बहेलिए के हाथों श्रीकृष्ण की मृत्यु हुई थी उसका क्या नाम था?

   (क) हिरण्यधनु (ख) निषध

   (ग) जरा (घ) सुषेण

5. द्यूतक्रीड़ा हेतु कौरवों ने जो सभा (भवन) बनवाई थी उसका क्या नाम था?

   (क) वैदूर्यसभा (ख) सुधर्मा

उत्तर के लिए कृपया पृष्ठ सं. 146 देखें।

(ग) तोरणस्फटिक (घ) शुभेच्छु

6. अर्जुन की मृत्यु हो जाने पर उलूपी ने जिस वस्तु से उन्हें पुनः जीवित किया था उसका क्या नाम था?

(क) संजीवन मणि (ख) दिव्य ओषधि

(ग) स्वर्ग-जल (घ) नाग-बूटिका

7. उस नदी का क्या नाम था जिसमें कुंती ने अपने नवजात पुत्र (कर्ण) को लोक-लाज से बचने के लिए प्रवाहित कर दिया था?

(क) चर्मण्वती (ख) अश्व नदी

(ग) गंगा (घ) यमुना

8. कौरवों द्वारा पांडवों को जिस लाक्षागृह में जलाकर मार डालने का षड्यंत्र रचा गया था, उसका क्या नाम था?

(क) शुभम् (ख) भारत

(ग) श्रेयस् (घ) भास्कर

9. उस दानव का क्या नाम था, जो शूकर का रूप धरकर अर्जुन को मारने गया था और किरात वेशधारी शिव एवं अर्जुन ने जिसे मारा था?

(क) मय (ख) मूक

(ग) विप्रचित्त (घ) श्री

10. उस स्वर्णमय सिंहासन का क्या नाम था, जो श्रीकृष्ण के लिए हस्तिनापुर की राजसभा में रखा गया था, जब वे पांडवों का दूत बनकर संधिवार्त्ता के लिए आए थे?

(क) जयंत (ख) विजय

(ग) सर्वतोभद्र (घ) ईश

11. श्रीकृष्ण के शंख का क्या नाम था?

(क) विजय (ख) पाञ्चजन्य

(ग) उद्घोष (घ) जलज

12. भीष्म पितामह का बाल्यावस्था का क्या नाम था?

(क) देवव्रत (ख) वरुण

(ग) यौधेय (घ) वत्स

13. अज्ञातवास के समय जब पांडव मत्स्य देश में राजा विराट के यहाँ रह रहे

उत्तर के लिए कृपया पृष्ठ सं. 146 देखें।

थे तो उस समय 'कंक' किस पांडव का नाम था?

(क) सहदेव (ख) युधिष्ठिर

(ग) नकुल (घ) भीम

14. 'वृकोदर' किस वीर का नाम था?

(क) श्रीकृष्ण (ख) बलराम

(ग) जरासंध (घ) भीमसेन

15. 'दामोदर' किसका नाम था?

(क) श्रीकृष्ण (ख) अर्जुन

(ग) नकुल (घ) कर्ण

16. 'गुडाकेश' किसका नाम था?

(क) बलराम (ख) श्रीकृष्ण

(ग) युधिष्ठिर (घ) अर्जुन

17. 'संकर्षण' किसका नाम था?

(क) कर्ण (ख) दुर्योधन

(ग) बलराम (घ) भीष्म पितामह

18. 'चक्रपाणि' किसका नाम था?

(क) जरासंध (ख) अर्जुन

(ग) श्रीकृष्ण (घ) शिशुपाल

19. 'वसुषेण' किसका नाम था?

(क) युधिष्ठिर (ख) कर्ण

(ग) श्रीकृष्ण (घ) अर्जुन

20. 'कृष्ण द्वैपायन' किसका नाम था?

(क) श्रीकृष्ण (ख) वसुदेव

(ग) वेदव्यास (घ) बलराम

21. 'भूमिञ्जय' किस वीर का नाम था?

(क) धृष्टकेतु (ख) अर्जुन

(ग) उत्तर (घ) अभिमन्यु

22. 'यूपकेतु' किसका नाम था?

(क) सात्यकि (ख) कृतवर्मा

उत्तर के लिए कृपया पृष्ठ सं. 146 देखें।

(ग) भूरिश्रवा (घ) अर्जुन

23. 'वेदिजा' किसका नाम था?
(क) द्रौपदी (ख) कुंती
(ग) गांधारी (घ) सत्यवती

24. निम्नलिखित में से 'गंधकाली' किसका नाम था?
(क) सत्यवती (ख) बलंधरा
(ग) द्रौपदी (घ) सुभद्रा

25. महाराज शांतनु के उस भाई का क्या नाम था, जो बाल्यावस्था में ही तपस्या करने वन में चले गए थे?
(क) प्रतीप (ख) बाह्लीक
(ग) देवापि (घ) सुरथ

26. इंद्रप्रस्थ के निर्माण के पश्चात् युधिष्ठिर ने जो यज्ञ किया था उसका क्या नाम था?
(क) अश्वमेध (ख) वैष्णव
(ग) राजसूय (घ) नाग

27. महाभारत युद्ध में जिस व्यूह के अंतर्गत अभिमन्यु को घेरकर मारा गया था उसका क्या नाम था?
(क) शकट (ख) चक्र
(ग) क्रौंच (घ) सूचीमुख

28. महाभारत कालीन मेरु एवं मंदराचल पर्वत के मध्य स्थित नदी का क्या नाम था?
(क) शैलोदा (ख) तमसा
(ग) गंगा (घ) ब्रह्मपुत्र

29. उस युग का क्या नाम था, जिसमें महाभारत युद्ध हुआ था?
(क) त्रेतायुग (ख) द्वापरयुग
(ग) सत्ययुग (घ) कलियुग

30. उस तीर्थ का क्या नाम था, जहाँ स्नान करने से रुद्रलोक प्राप्त होता है?
(क) रुद्रावर्त्त (ख) रुद्राणीरुद्र
(ग) रुद्रसर (घ) रुद्रावास

उत्तर के लिए कृपया पृष्ठ सं. 146 देखें।

31. गांधारी का बचपन का क्या नाम था ?

(क) पद्‌मजा (ख) वाग्मी

(ग) रेणुका (घ) शुभा

32. महाभारत युद्ध में प्रथम दिन कौरवों ने जिस व्यूह की रचना की थी उसका क्या नाम था ?

(क) श्रृंगाटक (ख) चक्र

(ग) सर्वतोमुख (घ) मकर

33. उन ऋषि का क्या नाम था जो वनवास के समय पांडवों के आश्रम पर शिष्यों सहित भोजन करने के लिए आए थे और द्रौपदी की रसोई में उस समय कुछ न था ?

(क) विश्वामित्र (ख) दुर्वासा

(ग) भरद्वाज (घ) अत्रि

34. राजा परीक्षित् की मृत्यु जिस सर्प के डसने से हुई थी उसका क्या नाम था ?

(क) अश्वसेन (ख) तक्षक

(ग) आस्तीक (घ) कालिय

35. किसके शंख का नाम देवदत्त था ?

(क) श्रीकृष्ण (ख) अर्जुन

(ग) युधिष्ठिर (घ) भीष्म

36. भीमसेन के शंख का क्या नाम था ?

(क) देवदत्त (ख) पाञ्चजन्य

(ग) पौंड्र (घ) अनंतविजय

37. शिखंडी को पुरुषत्व प्रदान करनेवाले का क्या नाम था ?

(क) चित्ररथ (ख) स्थूणाकर्ण

(ग) हिरण्याक्ष (घ) परशुराम

38. श्रीकृष्ण के पास जो गोप सैनिक थे उनका क्या नाम था ?

(क) चतुरंग (ख) नारायण

(ग) वार्ष्णेय (घ) प्रलयंकर

39. स्वर्ग में अर्जुन पर जो अप्सरा आसक्त हो गई थी, उसका क्या नाम था ?

उत्तर के लिए कृपया पृष्ठ सं. 146 देखें।

(क) मेनका (ख) उर्वशी
(ग) रंभा (घ) घृताची

40. अज्ञातवास के समय द्रौपदी का क्या नाम था?
(क) कृष्णा (ख) पांचाली
(ग) सैरंध्री (घ) हिरण्याक्षी

41. महाभारत युद्ध के समय द्रोणाचार्य को भुलावे में डालने के लिए भीमसेन ने जिस हाथी को मार डाला था उसका क्या नाम था?
(क) डिडिंभण (ख) अश्वत्थामा
(ग) राजकर्मा (घ) आशुतोष

42. जनमेजय द्वारा किए गए प्रसिद्ध यज्ञ का क्या नाम था?
(क) राजसूय यज्ञ (ख) सर्प यज्ञ
(ग) अश्वमेध यज्ञ (घ) भूत यज्ञ

43. जरासंध के वध के पश्चात् श्रीकृष्ण को वहाँ से जो दिव्य रथ प्राप्त हुआ था, उसका क्या नाम था?
(क) ऋतज (ख) सोदर्यवान्
(ग) अजित् (घ) श्रृंग

44. श्रीकृष्ण के सारथि का क्या नाम था?
(क) दारुक (ख) वृषकेतु
(ग) वृषण (घ) नील

45. उस विद्या का क्या नाम था जिसका प्रयोग कर महाभारत युद्ध में भीमसेन ने भगदत्त के हाथी को अपने वश में कर लिया था?
(क) गज वशीकरण (ख) अंजलिकावेध
(ग) मोहिनी (घ) मदिरभा

46. द्रौपदी ने भीमसेन से जो कमल पुष्प मँगवाए थे उनका क्या नाम था?
(क) नील पद्म (ख) श्वेत पद्म
(ग) सौगंधिक (घ) विघ्नहर

47. चित्रसेन गंधर्व से लज्जाजनक पराजय के पश्चात् दुर्योधन ने जो व्रत किया था, उसका नाम क्या था?
(क) आमरण उपवास (ख) विभूति द्वादशी

उत्तर के लिए कृपया पृष्ठ सं. 146 देखें।

(ग) प्रायोपवेश (घ) प्रदोष

48. कर्ण ने महाभारत युद्ध में अपने सेनापतित्व के प्रथम दिन जिस व्यूह की रचना की थी, उसका क्या नाम था?

(क) मकर (ख) शकट

(ग) क्रौंच (घ) सर्वतोभद्र

49. धृतराष्ट्र के उस सेवक का क्या नाम था, जिसे उन्होंने पांडवों को पुनः द्यूतक्रीड़ा हेतु बुलाने भेजा था?

(क) प्रातिकामी (ख) संजय

(ग) आदित्य (घ) पुरोचन

50. अज्ञातवास के समय 'तंतिपाल' किस पांडव का नाम था?

(क) युधिष्ठिर (ख) नकुल

(ग) सहदेव (घ) भीम

51. उस सर्प का क्या नाम था जिसने महाभारत युद्ध में कर्ण से कहा था कि तुम मुझे अपने धनुष पर चढ़ाकर अर्जुन पर प्रक्षेप करो तो मैं अर्जुन को मार डालूँगा?

(क) अश्वसेन (ख) तक्षक

(ग) कालिय (घ) वासुकि

52. उस विद्या का क्या नाम था जिसके बल से किसी भी वस्तु को, चाहे वह कितनी ही सूक्ष्म हो, प्रत्यक्ष देखा जा सकता था?

(क) अंजलिकावेध (ख) शब्दार्त

(ग) चाक्षुषी (घ) प्रतिस्मृति

53. उस विद्या का क्या नाम था, जिसका प्रयोग करने पर पूरा संसार भलीभाँति दिखने लगता था?

(क) प्रतिस्मृति (ख) चाक्षुषी

(ग) अंजलिकावेध (घ) शब्दार्त

54. युधिष्ठिर को लोमश ऋषि से जो विद्या प्राप्त हुई थी उसका क्या नाम था?

(क) चाक्षुषी (ख) एलीक

(ग) प्रबोधिनी (घ) अनुस्मृति

55. कर्ण के उस पिता का क्या नाम था, जिसने उसका बाल्यावस्था में पालन-

उत्तर के लिए कृपया पृष्ठ सं. 146 व 147 देखें।

पोषण किया था?

(क) संजय (ख) अधिरथ

(ग) सोमक (घ) वसुषेण

56. महाभारत युद्ध के पश्चात् महर्षि व्यास ने जो ऐतिहासिक काव्य लिखा उसका क्या नाम था?

(क) भारत (ख) महाकथा

(ग) महाभारत (घ) जय

57. महाभारत ग्रंथ के प्रथम पर्व का क्या नाम है?

(क) आदिपर्व (ख) सौप्तिकपर्व

(ग) मौसलपर्व (घ) उद्योगपर्व

58. अर्जुन के रथ का क्या नाम था?

(क) पारिजात (ख) सोदर्यवान्

(ग) पुष्पक (घ) नंदिघोष

59. देवताओं की कुतिया का क्या नाम था?

(क) अश्विन (ख) सरमा

(ग) पौर्वी (घ) मंगला

60. उस अश्व का क्या नाम था, जो समुद्र-मंथन से निकला था?

(क) उच्चैःश्रवा (ख) शैब्य

(ग) बलाहक (घ) मेघपुष्प

61. उस मणि का क्या नाम था, जिसकी चोरी का आरोप श्रीकृष्ण पर लगा था?

(क) पारस (ख) वैदूर्य

(ग) स्यमंतक (घ) कौस्तुभ

62. उस नाग का क्या नाम था, जिसे इंद्र ने जनमेजय के नागयज्ञ से बचाया था?

(क) कालिय (ख) तक्षक

(ग) आर्यक (घ) वासुकि

63. अक्षौहिणी की सबसे छोटी इकाई का क्या नाम है?

(क) गण (ख) गुल्म

(ग) सेनामुख (घ) पत्ति

64. उस नदी का क्या नाम था, जो कुरुक्षेत्र में बहती थी तथा जो स्वच्छ और

उत्तर के लिए कृपया पृष्ठ सं. 147 देखें।

विशुद्ध जल से सदैव ही भरी रहती थी?

(क) हिरण्यवती (ख) शैलोदा

(ग) सरस्वती (घ) अरुणा

65. इंद्र के हाथी का क्या नाम था?

(क) अश्वत्थामा (ख) कुवलयापीड

(ग) ऐरावत (घ) अभ्रमु

66. इंद्र के सारथि का क्या नाम था?

(क) दारुक (ख) मातलि

(ग) सुवर्चा (घ) अधिरथ

67. इंद्र के रथ की ध्वजा का क्या नाम था?

(क) प्रवेणी (ख) मुक्तिका

(ग) वेदांगिनी (घ) वैजयंती

68. इंद्र के उस सभाभवन का क्या नाम था, जिसे श्रीकृष्ण के कहने पर इंद्र ने यदुवंशियों के उपयोगार्थ दे दिया था?

(क) वैवस्वत (ख) सुधर्मा

(ग) नंदन (घ) शुभंकर

69. उस ब्राह्मण का क्या नाम था, जिसने द्रुपद के पुत्रेष्टि यज्ञ का कार्य संपादित किया था?

(क) पैल (ख) याज

(ग) आरुणि (घ) अध्वर्यु

70. तक्षक नाग जब राजा परीक्षित् को डसने आ रहा था तो उसे रास्ते में एक ब्राह्मण मिला था। उस ब्राह्मण का क्या नाम था?

(क) काश्यप (ख) गौरमुख

(ग) श्रृंगी (घ) शमीक

71. इंद्र ने अर्जुन को स्वर्ग में जो शंख दिया था, उसका क्या नाम था?

(क) देवदत्त (ख) पाञ्चजन्य

(ग) विजय (घ) श्रेयस्

72. उस राजा का क्या नाम था, जिसके महायज्ञ में घी की अखंड धाराएँ पीने से अग्निदेव को अजीर्ण हो गया था?

उत्तर के लिए कृपया पृष्ठ सं. 147 देखें।

(क) जनमेजय (ख) बृहदाश्व
(ग) श्वेतकि (घ) गाधि

73. महर्षि वसिष्ठ की प्रसिद्ध गाय का क्या नाम था?
(क) नंदिनी (ख) विपाशा
(ग) अनघा (घ) वैजयंती

74. राजा शाल्व के सुप्रसिद्ध विमान का क्या नाम था?
(क) पुष्पक (ख) सौभ
(ग) हंस (घ) गरुड

75. कर्ण की दिग्विजय के पश्चात् दुर्योधन ने जो यज्ञ किया था उसका क्या नाम था?
(क) राजसूय (ख) विश्वजित्
(ग) वैष्णव (घ) अश्वमेध

76. महाभारत युद्ध के समय श्रीकृष्ण ने मोहग्रस्त अर्जुन को जो उपदेश दिए थे वे सब जिस ग्रंथ में संगृहीत हैं उसका क्या नाम है?
(क) जय (ख) गीता
(ग) भारत (घ) भागवत

77. श्रीकृष्ण ने 'गीता' का उपदेश देते समय अर्जुन को जो स्वरूप दिखलाया था, उसका क्या नाम था?
(क) महायोग (ख) विश्व रूप
(ग) प्रचंड (घ) अजर

78. नकुल के शंख का क्या नाम था?
(क) सुहोत्र (ख) विजय
(ग) देवदत्त (घ) सुघोष

79. द्रुपद के जिस यज्ञ से धृष्टद्युम्न व द्रौपदी का जन्म हुआ था उसका क्या नाम था?
(क) पुत्रेष्टि यज्ञ (ख) अश्वमेघ यज्ञ
(ग) राजसूय यज्ञ (घ) वैष्णव यज्ञ

80. देवताओं के वास्तु-शिल्पी का क्या नाम था?
(क) मय (ख) विश्वकर्मा

उत्तर के लिए कृपया पृष्ठ सं. 147 देखें।

(ग) शिल्पवान्　　　(घ) पुरोचन

81. देवताओं के सेनापति का क्या नाम था?
(क) मोरध्वज　　　(ख) गणेश
(ग) कार्त्तिकेय　　　(घ) भैरव

82. देवताओं के चिकित्सकों का क्या नाम था?
(क) अश्विनीकुमार　　　(ख) धन्वंतरि
(ग) च्यवन　　　(घ) चरक

83. 'कलहप्रिय' किसका नाम था?
(क) नारद　　　(ख) गणेश
(ग) श्रीकृष्ण　　　(घ) शकुनि

84. उस यज्ञ का क्या नाम है, जो 'पवित्र' नामक सोमयज्ञ से प्रारंभ और 'सौत्रामणि' से समाप्त होता है?
(क) अश्वमेध　　　(ख) राजसूय
(ग) वैष्णव　　　(घ) विश्वजित्

85. 'मावल्गणि' इनमें से किसका नाम था?
(क) धृतराष्ट्र के मंत्री संजय　　　(ख) वेदव्यास
(ग) शल्य　　　(घ) धृतराष्ट्र

86. 'गिरनार' किस पर्वत का नाम था?
(क) गंधमादन　　　(ख) कैलास
(ग) रैवतक　　　(घ) मंदराचल

87. श्वेतवाहन, जिष्णु, ऐंद्रि, फाल्गुन, वीभत्सु—ये किसके नाम हैं?
(क) श्रीकृष्ण　　　(ख) बलराम
(ग) भीम　　　(घ) अर्जुन

88. समुद्र-मंथन से जो भयंकर विष निकला था उसका क्या नाम था?
(क) तांडव　　　(ख) गरल
(ग) हलाहल　　　(घ) अनल

□

उत्तर के लिए कृपया पृष्ठ सं. 147 देखें।

2

रोमांचक जानकारियाँ

89. किस वीर से युद्ध करते हुए अर्जुन की मृत्यु हो गई थी?
    (क) बभ्रुवाहन (ख) इरावान्
    (ग) श्रुतकर्मा (घ) अभिमन्यु
90. धृतराष्ट्र का वह कौन पुत्र था, जो महाभारत युद्ध में जीवित बच गया था?
    (क) विकर्ण (ख) युयुत्सु
    (ग) दुर्मुख (घ) विरजा
91. वह कौन पांडव वंशज था, जिसने एक बार अनजाने में ही भीमसेन को मल्ल युद्ध में पराजित कर दिया था?
    (क) घटोत्कच (ख) बभ्रुवाहन
    (ग) सर्वग (घ) बर्बरीक
92. वह कौन मुनि थे, कि जो नाम उनका था वही उनकी पत्नी का भी था?
    (क) गर्ग (ख) जमदग्नि
    (ग) जरत्कारु (घ) धौम्य
93. कुरुवंश का वह कौन वृद्ध था, जो पितामह भीष्म का चाचा लगता था और जिसने महाभारत युद्ध में भाग लिया था?
    (क) देवापि (ख) बाह्लीक
    (ग) प्रतीप (घ) सोमदत्त
94. वह कौन पांडव योद्धा था जिसने द्रोणाचार्य को रथ सहित उठाकर दूर

उत्तर के लिए कृपया पृष्ठ सं. 147 देखें।

फेंक दिया था?

(क) धृष्टद्युम्न (ख) सात्यकि

(ग) चेकितान (घ) भीमसेन

95. वह कौन वीर था, जो धनुष-बाण एवं खड्ग लेकर जनमा था?

(क) दुर्योधन (ख) धृष्टद्युम्न

(ग) कर्ण (घ) अर्जुन

96. वह कौन पांडव वीर था, जो शिवजी से भी एक बार लड़ा था?

(क) युधिष्ठिर (ख) नकुल

(ग) भीम (घ) अर्जुन

97. आर्यावर्त का वह कौन योद्धा था, जिसने महाभारत के इतने विशाल युद्ध में भाग लेने से मना कर दिया था?

(क) रुक्मि (ख) बलराम

(ग) शिशुपाल (घ) कृतवर्मा

98. आर्यावर्त का वह कौन राजा था, महाभारत युद्ध में जिसकी सहायता लेने से पांडवों व कौरवों ने स्पष्ट इनकार कर दिया था?

(क) विदर्भराज रुक्मि (ख) मगधराज मेघसंधि

(ग) चेदिराज धृष्टकेतु (घ) मद्रराज शल्य

99. वह कौन योद्धा था जिसने कुरुक्षेत्र युद्धस्थल में बाणों से एक घर निर्मित कर दिया था?

(क) अर्जुन (ख) एकलव्य

(ग) कर्ण (घ) द्रोण

100. महाभारत युद्ध में किसने अपनी योग विद्या के बल पर सूर्यास्त कर दिया था?

(क) श्रीकृष्ण (ख) भीष्म

(ग) द्रोण (घ) अर्जुन

101. वह कौन था, जो जनमा तो स्त्री रूप में था, किंतु एक यक्ष की कृपा से जिसने पुरुषत्व प्राप्त किया था?

(क) वृहन्नला (ख) अश्वत्थामा

(ग) शिखंडी (घ) उत्तर कुमार

उत्तर के लिए कृपया पृष्ठ सं. 147 देखें।

102. वह कौन योद्धा था, जिसे भीम ने टाँगों से पकड़कर दो टुकड़ों में चीर दिया था?

(क) सत्यसंध (ख) मेघसंधि

(ग) जरासंध (घ) दृढ़संध

103. वह कौन वीर था, जिसने कुरुक्षेत्र युद्धस्थल में बाणों से एक अद्‌भुत और सुंदर जलाशय का निर्माण कर दिया था?

(क) सात्यकि (ख) भीष्म

(ग) अर्जुन (घ) कर्ण

104. आचार्य परशुराम का वह कौन शिष्य था, जिसने भीषण युद्ध कर उन्हें पराजित कर दिया था?

(क) कर्ण (ख) भीष्म

(ग) द्रोण (घ) द्रुपद

105. अर्जुन एक बार युधिष्ठिर का वध कर देने को क्यों उद्यत हुए थे?

(क) युधिष्ठिर की सत्यवादिता के कारण

(ख) युधिष्ठिर द्वारा गांडीव का अपमान कर देने पर

(ग) द्यूत में युधिष्ठिर के पराजित हो जाने के कारण

(घ) अभिमन्यु को चक्रव्यूह में जाने देने के कारण

106. लंका के राजा विभीषण को युधिष्ठिर के राजसूय यज्ञ का संदेश किसने भेजा था?

(क) अर्जुन (ख) श्रीकृष्ण

(ग) सहदेव (घ) भीमसेन

107. धृतराष्ट्र का वह कौन पुत्र था, जो उनके सौ पुत्रों से अलग था और एक सेविका के गर्भ से उत्पन्न हुआ था?

(क) विकर्ण (ख) दुर्धर्ष

(ग) युयुत्सु (घ) विविंशति

108. वह कौन योद्धा था, जिसने महाभारत के युद्ध में अपनी सेना का मात्र आधे दिन तक सेनापतित्व किया था?

(क) कर्ण (ख) शल्य

(ग) धृष्टद्युम्न (घ) युधिष्ठिर

उत्तर के लिए कृपया पृष्ठ सं. 147 देखें।

109. महाभारत युद्ध में अर्जुन के रथ का सारथ्य करते-करते श्रीकृष्ण अचानक किसको मारने को दौड़े थे?

(क) कर्ण (ख) दुर्योधन

(ग) भीष्म (घ) अश्वत्थामा

110. वह कौन था, जो एक बार शैशवावस्था में एक चट्टान पर गिर पड़ा तो चट्टान टुकड़े-टुकड़े हो गई थी?

(क) जरासंध (ख) भीमसेन

(ग) श्रीकृष्ण (घ) बलराम

111. वह कौन योद्धा था, जो महाभारत युद्ध में सारथि भी बना था और सेनापति भी?

(क) अश्वत्थामा (ख) श्रीकृष्ण

(ग) कर्ण (घ) शल्य

112. वह कौन राक्षस था, जो पांडवों के वनवास काल में द्रौपदी के रूप पर आसक्त होकर ब्राह्मण वेश में आकर पांडवों के साथ रहने लगा था?

(क) हिडिंबासुर (ख) जटासुर

(ग) बकासुर (घ) किर्मीर

113. अर्जुन का वह कौन पुत्र था, जिसने एक बार युद्ध में अपने पिता अर्जुन को ही पराजित कर दिया था?

(क) बभ्रुवाहन (ख) इरावान्

(ग) श्रुतकीर्ति (घ) अभिमन्यु

114. कुरुवंश की वह कौन रानी थी, जो—दोनों आँखों के होते हुए—विवाह के पश्चात् सदैव अपनी आँखों पर पट्टी बाँधे रहती थी?

(क) अंबिका (ख) सत्यवती

(ग) अंबालिका (घ) गांधारी

115. पांडव सेना का वह कौन महारथी योद्धा था, जो किसी अस्त्र-शस्त्र से नहीं बल्कि पीट-पीटकर मार डाला गया था?

(क) द्रुपद (ख) सात्यकि

(ग) धृष्टद्युम्न (घ) विराट

116. वह कौन था, जिसने भीमसेन की आदमकद लौह प्रतिमा को अपने आलिंगन

उत्तर के लिए कृपया पृष्ठ सं. 147 देखें।

में लेकर चकनाचूर कर दिया था?

(क) दुर्योधन (ख) धृतराष्ट्र

(ग) जरासंध (घ) सुशर्मा

117. महाभारत युद्ध में श्रीकृष्ण तो पांडवों की ओर थे, किंतु बलराम किसकी ओर थे?

(क) पांडवों की ओर (ख) कौरवों की ओर

(ग) दोनों की ओर (घ) किसी की ओर नहीं

118. पांडवों का वह कौन मामा था, जो महाभारत युद्ध में कौरवों की ओर से लड़ा था?

(क) भोज (ख) शल्य

(ग) कौरव्य (घ) शकुनि

119. वह कौन ऋषि थे, जिन्होंने पिता की आज्ञा से अपनी माता का सिर काट लिया था?

(क) परशुराम (ख) भरद्वाज

(ग) याज्ञवल्क्य (घ) धौम्य

120. निम्नलिखित में से कौन था, जिसने अपने पुत्र को अपना वृद्धत्व देकर उससे उसका यौवन ले लिया था?

(क) दुष्यंत (ख) ययाति

(ग) शांतनु (घ) बृहत्क्षत्र

121. वह कौन पांडव था जिसकी भेंट हनुमानजी से हुई थी?

(क) अर्जुन (ख) भीमसेन

(ग) युधिष्ठिर (घ) नकुल

122. वह कौन वीर था, जिसकी माँ अभाव के कारण उसे बचपन में दूध के स्थान पर चावल का घोल पिलाती थी?

(क) एकलव्य (ख) भीष्म

(ग) कर्ण (घ) अश्वत्थामा

123. निम्न में से किसने आजीवन विवाह न करने की प्रतिज्ञा की थी?

(क) विदुर (ख) भीष्म

(ग) शिखंडी (घ) कृपाचार्य

उत्तर के लिए कृपया पृष्ठ सं. 147 व 148 देखें।

124. वह कौन स्त्री थी, जिसके दृष्टिपात से युधिष्ठिर के पैरों के नख काले पड़ गए थे ?

(क) गांधारी (ख) विदुला

(ग) हिडिंबा (घ) कृपी

125. श्रीकृष्ण का वह कौन पुत्र था, जो दुर्योधन की पुत्री लक्ष्मणा का अपहरण करने हस्तिनापुर आया था ?

(क) सांब (ख) प्रद्युम्न

(ग) सुदेष्ण (घ) चारुविंद

126. युधिष्ठिर द्वारा द्यूतक्रीड़ा में हार जाने पर द्यूतसभा में द्रौपदी को केश पकड़कर कौन लाया था ?

(क) दुर्योधन (ख) प्रातिकामी

(ग) कर्ण (घ) दु:शासन

127. वह कौन राजा था, जिसने युधिष्ठिर के राजसूय यज्ञ में श्रीकृष्ण को कुवचन कहे थे ?

(क) दुर्योधन (ख) जरासंध

(ग) रुक्मि (घ) शिशुपाल

128. लाक्षागृह में पांडवों में से किसने आग लगाई थी ?

(क) नकुल (ख) भीमसेन

(ग) युधिष्ठिर (घ) अर्जुन

129. श्रीकृष्ण के परमधाम-गमन के पश्चात् अर्जुन जब यादव स्त्रियों को लेकर हस्तिनापुर आ रहे थे तो राह में उन्हें किसने लूट लिया था ?

(क) डाकुओं (ख) कौरवों

(ग) नागों (घ) राक्षसों

130. उस सर्प के रूप में कौन था जिसने वनवास के समय भीमसेन को अपने आहार हेतु जकड़ लिया था ?

(क) राजा नहुष (ख) राजा हरिश्चंद्र

(ग) एक यक्ष (घ) महर्षि वसिष्ठ

131. वह कौन पांडव योद्धा था, जिसने अश्वत्थामा द्वारा छोड़े गए नारायणास्त्र का प्रतिकार किया था ?

उत्तर के लिए कृपया पृष्ठ सं. 148 देखें।

(क) भीमसेन (ख) सात्यकि

(ग) अर्जुन (घ) धृष्टद्युम्न

132. धृतराष्ट्र का वह कौन पुत्र था, जो महाभारत युद्ध में पांडवों की ओर से लड़ा था?

(क) युयुत्सु (ख) विकर्ण

(ग) विविंशति (घ) दुर्धर्ष

133. वह कौन था, जो श्रीकृष्ण से उनका सुदर्शन चक्र माँगने गया था?

(क) अश्वत्थामा (ख) दुर्योधन

(ग) कृतवर्मा (घ) चेकितान

134. निम्न में से कौन था, जो तीन नेत्र और चार भुजाओं के साथ जनमा था?

(क) अश्वत्थामा (ख) धृष्टद्युम्न

(ग) जरासंध (घ) शिशुपाल

□

उत्तर के लिए कृपया पृष्ठ सं. 148 देखें।

3

नामों की निर्मिति

135. श्रीकृष्ण के प्रसिद्ध शंख पाञ्चजन्य का नाम 'पाञ्चजन्य' क्यों था?
(क) पाँच जनों द्वारा मिलकर बनाए जाने के कारण
(ख) पंचजन नामक दानव की हड्डियों से बना था, इस कारण
(ग) पंचाग्नि में तपाए जाने के कारण
(घ) पंचाल देश से प्राप्त हुआ था, इस कारण

136. अर्जुन को 'पार्थ' क्यों कहते थे?
(क) अर्जुन की माता कुंती का एक नाम 'पृथा' था, इस कारण
(ख) अर्जुन द्वारा पृथ्वी के अनेक राजाओं को जीतने के कारण
(ग) अर्जुन द्वारा पृथ्वी से स्वर्ग की यात्रा करने के कारण
(घ) अर्जुन द्वारा पृथ्वी पर सोने के कारण

137. हस्तिनापुर का नाम 'हस्तिनापुर' कैसे पड़ा था?
(क) गंगा के किनारे बसाया गया था, इस कारण
(ख) महाराज हस्ती द्वारा बसाए जाने के कारण
(ग) अत्यंत समृद्ध होने के कारण
(घ) इस नगर में हस्ति (हाथी) बहुत होने के कारण

138. द्रौपदी को 'पांचाली' क्यों कहा जाता था?
(क) पाँच पतियों की पत्नी होने के कारण
(ख) पाँच पुत्रों की माँ होने के कारण

उत्तर के लिए कृपया पृष्ठ सं. 148 देखें।

(ग) पंचमी का व्रत रहने के कारण

(घ) पंचाल देश की राजकुमारी होने के कारण

139. सत्यवती का एक नाम 'मत्स्यगंधा' कैसे पड़ा था?

(क) उसकी देह से मछली की गंध आती थी, इस कारण

(ख) उसके शरीर की बनावट मछली की तरह होने के कारण

(ग) मछलियों को बेचने के कारण

(घ) उसका पिता एक मछुआरा था, इस कारण

140. महर्षि वेदव्यास को 'द्वैपायन' क्यों कहा जाता है?

(क) दोनों हाथों से लिखते थे, इस कारण

(ख) नदी के द्वीप में जन्म होने के कारण

(ग) धृतराष्ट्र-पांडु व विदुर को उत्पन्न करने के कारण

(घ) कृष्ण वर्ण के होने के कारण

141. महाराज पांडु का नाम 'पांडु' कैसे पड़ा था?

(क) महर्षि व्यास से उत्पन्न होने के कारण

(ख) पांडवों के पिता होने के कारण

(ग) शरीर का रंग पीला होने के कारण

(घ) वन में तपस्या करने के कारण

142. पितामह भीष्म का नाम 'भीष्म' कैसे पड़ा था?

(क) भीमकाय होने के कारण

(ख) भीषण प्रतिज्ञा करने के कारण

(ग) भीषण युद्ध करने के कारण

(घ) भीष्मक राजा को पराजित करने के कारण

143. कर्ण को 'राधेय' क्यों कहा जाता था?

(क) जनमते ही नदी में प्रवाहित कर दिए जाने के कारण

(ख) राधा का (पालित) पुत्र होने के कारण

(ग) कुंती से उत्पन्न होने के कारण

(घ) राधना (पूजा) अधिक करने के कारण

144. अर्जुन का एक नाम 'गुडाकेश' कैसे पड़ा?

(क) निद्रा को जीत लेने के कारण

उत्तर के लिए कृपया पृष्ठ सं. 148 देखें।

(ख) गांडीव धनुष चलाने के कारण
(ग) स्वर्ग की यात्रा करने के कारण
(घ) एक वर्ष तक नपुंसक रहने के कारण

145. द्रोणाचार्य के पुत्र अश्वत्थामा का नाम 'अश्वत्थामा' क्यों था?
(क) द्रोण का पुत्र होने के कारण
(ख) अश्व की भाँति दौड़ने के कारण
(ग) जनमते ही अश्व (घोड़े) की तरह हिनहिनाने के कारण
(घ) अश्वत्थ (पीपल) वृक्ष की आराधना करने के कारण

146. द्रौपदी को 'याज्ञसेनी' क्यों कहा जाता था?
(क) यज्ञ से उत्पन्न हुई थी, इस कारण
(ख) यज्ञसेन (द्रुपद) की पुत्री होने के कारण
(ग) यज्ञ में श्रद्धा के कारण
(घ) अनेक यज्ञ करवाने के कारण

147. कर्ण को 'कानीन' क्यों कहा जाता है?
(क) माता (कुंती) के विवाह होने के पूर्व ही उत्पन्न होने और माता द्वारा त्याग दिए जाने के कारण
(ख) कानों में जन्म से ही कुंडल होने के कारण
(ग) ईर्ष्यालु प्रवृत्ति का होने के कारण
(घ) दानवीर होने के कारण

148. अर्जुन का एक नाम 'धनंजय' कैसे पड़ा?
(क) धन के प्रति निर्लिप्त होने के कारण
(ख) अनेक देशों को जीतकर वहाँ से अपार धन ले आने के कारण
(ग) कुबेर को पराजित करने के कारण
(घ) धनुर्वेद का ज्ञाता होने के कारण

149. पांडवों की माता कुंती का नाम पृथा था, फिर 'कुंती' नाम कैसे पड़ा था?
(क) कुंतल देश में जन्म लिया था, इस कारण
(ख) देवताओं का आवाहन कर पुत्रोत्पन्न किए थे, इस कारण
(ग) भोज देश के राजा कुंतिभोज के घर पली थी, इस कारण
(घ) कर्ण की माता होने के कारण

उत्तर के लिए कृपया पृष्ठ सं. 148 देखें।

150. द्रुपद-पुत्र धृष्टद्युम्न का नाम 'धृष्टद्युम्न' क्यों था?
(क) धृष्ट (ढीठ) तथा असहिष्णु होने के कारण
(ख) यज्ञ की ज्वाला से उत्पन्न होने के कारण
(ग) अत्यंत क्रोधी होने के कारण
(घ) धूर्त स्वभाव का होने के कारण

151. दुर्योधन की माता गांधारी को 'गांधारी' क्यों कहा जाता था?
(क) अंधे पति की पत्नी होने के कारण
(ख) गांधार देश की राजकुमारी थी, इस कारण
(ग) आँखों पर पट्टी बाँधे रहने के कारण
(घ) सौ पुत्रों को उत्पन्न करने के कारण

152. अर्जुन का एक नाम 'सव्यसाची' क्यों था?
(क) सत्यवादी होने के कारण
(ख) दोनों हाथों से बाण चला लेते थे, इस कारण
(ग) श्रीकृष्ण का सखा होने के कारण
(घ) इंद्र का पुत्र होने के कारण

153. द्रोणाचार्य का नाम 'द्रोण' कैसे पड़ा?
(क) द्रोण नामक यज्ञपात्र में जन्म लेने के कारण
(ख) धनुर्वेद के ज्ञाता होने के कारण
(ग) हस्तिनापुर के राजकुमारों को शिक्षा देने के कारण
(घ) द्रुपद को पराजित करने के कारण

154. द्रौपदी को 'कृष्णा' क्यों कहा जाता था?
(क) कृष्ण ने उसे अपनी बहन बना लिया था, इस कारण
(ख) उसके शरीर का वर्ण कृष्ण (काला) था, इस कारण
(ग) यज्ञ से उत्पन्न होने के कारण
(घ) पांडवों की पत्नी होने के कारण

155. मगधराज जरासंध का नाम 'जरासंध' कैसे पड़ा था?
(क) जरा (बुढ़ापा) को जीत लेने के कारण
(ख) अनेक राजाओं को कारा में कैद रखने के कारण
(ग) जरा नामक राक्षसी द्वारा जन्म के समय हुए इसके शरीर के दो

उत्तर के लिए कृपया पृष्ठ सं. 148 देखें।

टुकड़ों को जोड़ देने के कारण

(घ) मथुरा पर बार-बार आक्रमण करने के कारण

156. अभिमन्यु-पुत्र परीक्षित् का नाम 'परीक्षित्' क्यों था?

(क) उत्तरा का पुत्र होने के कारण

(ख) मौनी ऋषि के गले में मृत सर्प डाल देने के कारण

(ग) एक ब्राह्मण से तक्षक द्वारा डसे जाने का शाप मिलने के कारण

(घ) माता के गर्भ में परिक्षीण या विनष्ट होने से बचाए जाने के कारण

157. युधिष्ठिर, भीम, अर्जुन, नकुल एवं सहदेव आदि को 'पांडव' क्यों कहा जाता है?

(क) पाँच भाई थे, इस कारण

(ख) पाँचों ने द्रौपदी के साथ विवाह किया था, इस कारण

(ग) महाराज पांडु के पुत्र थे, इस कारण

(घ) पाँचों भाइयों में अत्यंत प्रेमभाव था, इस कारण

158. शिवजी का एक नाम 'नीलकंठ' कैसे पड़ा था?

(क) गले में सर्प लपेटे रखने के कारण

(ख) समुद्र-मंथन से निकले हलाहल विष का पान करने से कंठ नीला पड़ जाने के कारण

(ग) पूरे शरीर और कंठ में राख-भभूत आदि लपेटे रहने के कारण

(घ) सिर पर गंगा को धारण करने के कारण

159. भीमसेन का एक नाम 'वृकोदर' क्यों था?

(क) इनके पेट में वृक नाम की एक विकट अग्नि थी, इस कारण

(ख) बहुत बलवान् होने के कारण

(ग) विशाल आकार का होने के कारण

(घ) दुर्योधन द्वारा दिए विष को पचा जाने के कारण

160. द्रौपदी से उत्पन्न भीम के पुत्र का नाम 'सुतसोम' क्यों रखा गया था?

(क) भीमसेन का पुत्र था, इस कारण

(ख) भीम द्वारा एक सहस्र सोमयाग करके उसे उत्पन्न किए जाने के कारण

(ग) द्रौपदी का द्वितीय पुत्र होने के कारण

उत्तर के लिए कृपया पृष्ठ सं. 148 व 149 देखें।

(घ) महाभारत युद्ध में अद्‌भुत पराक्रम दिखाने के कारण

161. घटोत्कच का नाम 'घटोत्कच' क्यों रखा गया था?

(क) राक्षसी के गर्भ से जन्म लेने के कारण

(ख) अनेक विद्याओं का ज्ञाता था, इस कारण

(ग) उसमें घनघोर युद्ध करने की क्षमता थी, इस कारण

(घ) उसका 'घट' अर्थात् सिर 'उत्कच' अर्थात् केशहीन था, इस कारण

162. दुष्यंत की पत्नी शकुंतला का नाम 'शकुंतला' कैसे पड़ा था?

(क) आश्रम में पली होने के कारण

(ख) माता द्वारा जन्म के बाद वन में छोड़ दिए जाने पर शकुंतों (पक्षियों) द्वारा वन्य-जीवों से रक्षा किए जाने के कारण

(ग) दुष्यंत के साथ विवाह करने के कारण

(घ) अप्सरा की पुत्री होने के कारण

163. अर्जुन को 'किरीटी' क्यों कहते थे?

(क) उनके शरीर का वर्ण श्याम होने के कारण

(ख) वे शब्दवेधी बाण चलाने में कुशल थे, इस कारण

(ग) इंद्र ने स्वयं उनके सिर पर किरीट पहनाया था, इस कारण

(घ) दोनों हाथों से बाण-संचालन कर सकते थे, इस कारण

164. बलराम का एक नाम 'हलधर' क्यों था?

(क) सदैव हल धारण करने के कारण

(ख) हल लेकर युद्ध करने के कारण

(ग) रेवती (पत्नी) से गदायुद्ध करने के कारण

(घ) गदायुद्ध के आचार्य होने के कारण

165. सात्यकि का वास्तविक नाम 'युयुधान' था, फिर उसे 'सात्यकि' क्यों कहा जाता था?

(क) श्रीकृष्ण का सारथि था, इस कारण

(ख) अर्जुन से धनुर्विद्या सीखी थी, इस कारण

(ग) अति पराक्रमी होने के कारण

(घ) 'सत्यक' का पुत्र था, इस कारण

166. इंद्र को 'देवराज' क्यों कहा जाता है?

उत्तर के लिए कृपया पृष्ठ सं. 149 देखें।

(क) स्वर्ग के राजा थे, इस कारण
(ख) देवताओं के राजा थे, इस कारण
(ग) अनेक अप्सराओं के स्वामी थे, इस कारण
(घ) अर्जुन ने उन्हें पराजित किया था, इस कारण

167. शिव का एक नाम 'पिनाकी' क्यों था?
(क) शीघ्र क्रोधित हो जाने के कारण
(ख) हलाहल विष पी जाने के कारण
(ग) 'पिनाक' नामक त्रिशूल धारण करने के कारण
(घ) बैल की सवारी करने के कारण

168. कर्ण का वास्तविक नाम 'वसुषेण' था, फिर उसका नाम 'कर्ण' कैसे पड़ा?
(क) अपने अंग काटकर इंद्र को कवच और कुंडल दान कर देने के कारण
(ख) एक सूत के यहाँ पालन-पोषण होने के कारण
(ग) महादानी होने के कारण
(घ) सूर्यपुत्र होने के कारण

169. गंगा का एक नाम 'भागीरथी' क्यों था?
(क) पृथ्वी पर बहने के कारण
(ख) भगीरथ घोर तपस्या करके स्वर्ग से पृथ्वी पर लाए थे, इस कारण
(ग) ब्रह्मा के कमंडलु में रहने के कारण
(घ) शिव ने इन्हें अपनी जटाओं में बाँध लिया था, इस कारण

170. महाराज शांतनु (भीष्म के पिता) का नाम 'शांतनु' कैसे पड़ा?
(क) वह बहुत शांत स्वभाव के थे, इस कारण
(ख) बड़े भाई के वन चले जाने पर सत्ता सँभाली थी, इस कारण
(ग) गंगा से विवाह किया था, इस कारण
(घ) वह जिस किसी वृद्ध को भी अपने दोनों हाथों से स्पर्श कर देते थे तो वह युवा हो जाता था और अत्यंत सुख व शांति का अनुभव करने लगता था, इस कारण

171. श्रीकृष्ण को 'वासुदेव' क्यों कहा जाता था?

उत्तर के लिए कृपया पृष्ठ सं. 149 देखें।

(क) वह द्वारका के राजा थे, इस कारण
(ख) अर्जुन को 'गीता' का उपदेश दिया था, इस कारण
(ग) वसुदेव के पुत्र होने के कारण
(घ) गोवर्द्धन पर्वत उठा लिया था, इस कारण

172. घटोत्कच की पत्नी कामकंटकटा का एक नाम 'मौर्वी' क्यों था?
(क) श्रीकृष्ण से युद्ध करने के कारण
(ख) मुर राक्षस की पुत्री होने के कारण
(ग) घटोत्कच से विवाह करने के कारण
(घ) बहुत बलवान व बुद्धिमान होने के कारण

173. भरत (दुष्यंत के पुत्र) का नाम 'भरत' कैसे पड़ा था?
(क) आकाशवाणी द्वारा महाराज दुष्यंत से इनके भरण-पोषण के लिए कहा गया था, इस कारण
(ख) इनका जन्म कण्व ऋषि के आश्रम में हुआ था, इस कारण
(ग) बहुत ही प्रजापालक थे, इस कारण
(घ) इनके पिता ने इन्हें स्वीकारने से मना कर दिया था, इस कारण

174. श्रीकृष्ण को 'मुरारि' क्यों कहा जाता है?
(क) महाभारत युद्ध में अर्जुन का सारथ्य करने के कारण
(ख) कंस का वध करने के कारण
(ग) गोवर्धन पर्वत उठाने के कारण
(घ) मुर राक्षस का वध करने के कारण

175. आचार्य कृप का नाम 'कृप' क्यों था?
(क) महाराज शांतनु द्वारा कृपापूर्वक पाले जाने के कारण
(ख) अत्यंत कृपालु होने के कारण
(ग) इनकी बहन का नाम कृपी था, इस कारण
(घ) अस्त्र विद्या के ज्ञाता था, इस कारण

176. श्रीकृष्ण का एक नाम 'रणछोड़' कैसे पड़ा?
(क) जरासंध के साथ युद्ध न कर रणभूमि छोड़कर द्वारका चले जाने के कारण
(ख) महाभारत युद्ध में न लड़ने के कारण

उत्तर के लिए कृपया पृष्ठ सं. 149 देखें।

(ग) कालयवन से युद्ध न करने के कारण
(घ) शिशुपाल का वध राजसभा में करने के कारण

177. शकुनि को 'सौबल' क्यों कहा जाता था?
(क) सौ भानजों का मामा था, इस कारण
(ख) अत्यंत बलशाली था, इस कारण
(ग) द्यूतक्रीड़ा में पारंगत होने के कारण
(घ) महाराज सुबल का पुत्र होने के कारण

178. महर्षि च्यवन का नाम 'च्यवन' कैसे पड़ा था?
(क) सदैव युवा रहने के कारण
(ख) माता के गर्भ से स्वयमेव गिर पड़े थे और गतिशील थे, इस कारण
(ग) अश्विनीकुमारों ने सोमरस-पान कराया था, इस कारण
(घ) अत्यंत क्रोधी थे, इस कारण

179. द्रोणाचार्य का एक नाम 'रुक्मरथ' क्यों था?
(क) रथ संचालन करते हुए युद्ध करने के कारण
(ख) सोने के रथ पर चलते थे, इस कारण
(ग) महारथी होने के कारण
(घ) महान् धनुर्धर होने के कारण

180. श्रीकृष्ण को 'वार्ष्णेय' क्यों कहा जाता था?
(क) वृष्णि के वंशज होने के कारण
(ख) विष्णु के अवतार थे, इस कारण
(ग) विषधर (कालिय) को मारा था, इस कारण
(घ) कंस का वध करने के कारण

181. आचार्य परशुराम का नाम 'परशुराम' कैसे पड़ा?
(क) क्षत्रिय वंशों का संहार करने के कारण
(ख) ब्राह्मण पिता और क्षत्रिय माता से उत्पन्न होने के कारण
(ग) परशु (फरसा) धारण करने के कारण
(घ) अपनी माता का सिर काट लेने के कारण

182. दुर्योधन आदि को 'कौरव' क्यों कहा जाता है?
(क) चंद्रवंशी राजा कुरु का वंशज होने के कारण

उत्तर के लिए कृपया पृष्ठ सं. 149 देखें।

(ख) अनाचारी होने के कारण

(ग) सौ भाई थे, इस कारण

(घ) महाभारत का युद्ध लड़ने के कारण

183. श्रीकृष्ण को 'पार्थसारथि' क्यों कहते थे?

(क) महाभारत युद्ध में न लड़ने के कारण

(ख) अर्जुन (पार्थ) का सारथि होने के कारण

(ग) महाभारत युद्ध में भीष्म को मारने दौड़े थे, इस कारण

(घ) भीमसेन द्वारा जरासंध का वध करवाने के कारण

184. अगस्त्य ऋषि का एक नाम 'समुद्रचुलुक' क्यों पड़ा?

(क) समुद्र को लाँघ जाने के कारण

(ख) विंध्य पर्वत को लाँघ जाने के कारण

(ग) समुद्र को चुल्लुओं में पी जाने के कारण

(घ) समुद्र में जन्म लेने के कारण

185. गंगा को 'जाह्नवी' क्यों कहते हैं?

(क) शिव की जटा से निकलने के कारण

(ख) ब्रह्मा के कमंडलु से निकलने के कारण

(ग) स्वर्ग से पृथ्वी पर आने के कारण

(घ) जह्नु ऋषि की जंघा से निकलने के कारण

186. दैत्यों को 'दैत्य' क्यों कहा गया?

(क) मांस खाने के कारण

(ख) असभ्य होने के कारण

(ग) दिति के वंशज होने के कारण

(घ) लूट-मार करने के कारण

187. देवताओं के सेनापति कार्त्तिकेय का नाम 'कार्त्तिकेय' कैसे पड़ा?

(क) शिवजी के पुत्र होने के कारण

(ख) कृत्तिकाओं द्वारा पालन किए जाने के कारण

(ग) कृत्तिका नक्षत्र में जन्म लेने के कारण

(घ) दानवों का संहार करने के कारण

188. युयुत्सु का एक नाम 'करण' क्यों था?

उत्तर के लिए कृपया पृष्ठ सं. 149 व 150 देखें।

(क) कानों में कुंडल पहनने के कारण
(ख) माता द्वारा त्याग दिए जाने के कारण
(ग) वैश्य माता और क्षत्रिय पिता से उत्पन्न होने के कारण
(घ) धृतराष्ट्र (पिता) द्वारा राज्य से निकाल देने के कारण

189. कुरुक्षेत्र का एक नाम 'समंतपंचक' क्यों था?
(क) उस क्षेत्र में पाँच कुंड या सरोवर होने के कारण
(ख) उस क्षेत्र में महाभारत युद्ध होने के कारण
(ग) उस क्षेत्र में पांडव पराजित नहीं हुए थे, इस कारण
(घ) उस क्षेत्र में अनेक वीर मारे गए थे, इस कारण

190. वेदव्यास का एक नाम 'कृष्ण' क्यों था?
(क) कृष्ण वर्ण का होने के कारण
(ख) कुँवारी माता के गर्भ से जन्म लेने के कारण
(ग) द्वीप में जन्म लेने के कारण
(घ) महाभारत के रचयिता होने के कारण

191. शिव का एक नाम 'सर्पमाली' क्यों था?
(क) विष पीने के कारण
(ख) अर्जुन से युद्ध करने के कारण
(ग) पाशुपतास्त्र धारण करने के कारण
(घ) सर्पों की माला पहनने के कारण

192. अभिमन्यु को 'सौभद्र' क्यों कहते थे?
(क) चक्रव्यूह तोड़ने के कारण
(ख) सुभद्रा का पुत्र होने के कारण
(ग) अति पराक्रमी होने के कारण
(घ) श्रीकृष्ण का भानजा होने के कारण

□

उत्तर के लिए कृपया पृष्ठ सं. 150 देखें।

4

संख्याओं को भी जानें

193. महाभारत ग्रंथ में कुल कितने प्रमुख पर्व हैं ?
(क) 18 (ख) 10
(ग) 12 (घ) 24

194. महाभारत ग्रंथ में कुल कितने अध्याय हैं ?
(क) 1056 (ख) 2351
(ग) 2128 (घ) 1846

195. महाभारत ग्रंथ में कुल कितने श्लोक हैं ?
(क) लगभग 45,000 (ख) लगभग 65,000
(ग) लगभग 1,00,217 (घ) लगभग 1,00,000

196. महाभारत का युद्ध आज से लगभग कितने वर्ष पूर्व लड़ा गया था ?
(क) 3,000 वर्ष पूर्व (ख) 10,000 वर्ष पूर्व
(ग) 5,000 वर्ष पूर्व (घ) 8,000 वर्ष पूर्व

197. महाभारत युद्ध का वर्णन महाभारत ग्रंथ में कितने अध्यायों में किया गया है ?
(क) 509 (ख) 415
(ग) 180 (घ) 726

198. महाभारत युद्ध में कुल कितनी अक्षौहिणी सेना ने भाग लिया था ?
(क) 20 (ख) 15

उत्तर के लिए कृपया पृष्ठ सं. 150 देखें।

(ग) 11 (घ) 18

199. कौरवों की ओर से कुल कितनी अक्षौहिणी सेना महाभारत युद्ध में लड़ी थी?

(क) 5 (ख) 7

(ग) 12 (घ) 11

200. पांडवों की ओर से कुल कितनी अक्षौहिणी सेना महाभारत युद्ध में लड़ी थी?

(क) 3 (ख) 5

(ग) 7 (घ) 8

201. एक अक्षौहिणी सेना में कुल कितने पैदल सैनिक होते थे?

(क) 50,000 (ख) 62,525

(ग) 21,870 (घ) 1,09,350

202. एक अक्षौहिणी सेना में कुल कितने घोड़े होते थे?

(क) 65,610 (ख) 10,000

(ग) 50,000 (घ) 1,00,000

203. एक अक्षौहिणी सेना में कुल कितने रथ होते थे?

(क) 5,000 (ख) 10,000

(ग) 15,000 (घ) 21,870

204. एक अक्षौहिणी सेना में कुल कितने हाथी होते थे?

(क) 21,870 (ख) 65,000

(ग) 50,000 (घ) 80,000

205. महाभारत का युद्ध कुल कितने दिन तक चला था?

(क) 18 (ख) 10

(ग) 20 (घ) 7

206. महाभारत युद्ध में कुल कितने योद्धा मारे गए थे?

(क) 1,80,00,00,000 (ख) 1,66,00,20,000

(ग) 1,13,64,72,000 (घ) 72,00,00,000

207. महाभारत युद्ध में कुल कितने सैनिक लापता थे?

(क) 1,10,603 (ख) 54,110

उत्तर के लिए कृपया पृष्ठ सं. 150 देखें।

(ग) 24,165 (घ) 72,503

208. महाभारत युद्ध में कुल कितने प्रकार के व्यूहों की रचना की गई थी ?
(क) 15 (ख) 17
(ग) 9 (घ) 21

209. अभिमन्यु को कुल कितने महारथियों ने मिलकर मारा था ?
(क) 7 (ख) 10
(ग) 6 (घ) 9

210. युधिष्ठिर ने शांति प्रस्ताव के अंतर्गत दुर्योधन से कुल कितने गाँव माँगे थे ?
(क) 10 (ख) 20
(ग) 50 (घ) 5

211. श्रीकृष्ण ने शिशुपाल के कितने अपराध क्षमा करने का वचन उसकी माँ को दिया था ?
(क) 1,000 (ख) 100
(ग) 121 (घ) 111

212. अश्वत्थामा द्वारा ब्रह्मास्त्र गिराकर उत्तरा के गर्भस्थ शिशु को मार देने पर श्रीकृष्ण ने अश्वत्थामा को कितने वर्षों तक पृथ्वी पर भटकते रहने का शाप दिया था ?
(क) 1,000 (ख) 5,000
(ग) 5,000 (घ) 3,000

213. अर्जुन की कुल कितनी पत्नियाँ थीं ?
(क) 4 (ख) 5
(ग) 6 (घ) 7

214. कुंती के कुल कितने पुत्र थे ?
(क) 5 (ख) 3
(ग) 6 (घ) 4

215. महाराज पांडु की कितनी पत्नियाँ थीं ?
(क) 2 (ख) 1
(ग) 4 (घ) 3

216. द्रौपदी के पुत्रों की संख्या कुल कितनी थी ?

उत्तर के लिए कृपया पृष्ठ सं. 150 देखें।

(क) 7 (ख) 10
(ग) 5 (घ) 12

217. गांधारी के कुल कितने पुत्र थे ?
(क) 70 (ख) 80
(ग) 90 (घ) 100

218. भीष्म पितामह महाभारत युद्ध के किस दिन शर-शय्या पर जा पड़े थे ?
(क) 8वें (ख) 10वें
(ग) 13वें (घ) 18वें

219. कर्ण का वध युद्ध के किस दिन हुआ था ?
(क) 17वें (ख) 16वें
(ग) 18वें (घ) 15वें

220. सत्यवती के कुल कितने पुत्र थे ?
(क) 2 (ख) 5
(ग) 1 (घ) 3

221. भीम की कुल कितनी पत्नियाँ थीं ?
(क) 4 (ख) 2
(ग) 1 (घ) 3

222. माद्री के कुल पुत्रों की संख्या कितनी थी ?
(क) 1 (ख) 5
(ग) 2 (घ) 3

223. अर्जुन के कुल कितने पुत्र थे ?
(क) 4 (ख) 5
(ग) 6 (घ) 2

224. द्यूत में हारने के पश्चात् पांडवों को कितने वर्षों का वनवास मिला था ?
(क) 10 (ख) 1
(ग) 13 (घ) 12

225. पांडवों की कुल कितनी संख्या थी ?
(क) 6 (ख) 5
(ग) 10 (घ) 7

उत्तर के लिए कृपया पृष्ठ सं. 150 देखें।

226. पाँचों पांडवों के कुल कितने पुत्र थे ?

(क) 13 (ख) 8

(ग) 11 (घ) 17

227. महाराज शांतनु कुल कितने भाई थे ?

(क) 5 (ख) 3

(ग) 2 (घ) 7

228. श्रीकृष्ण की कितनी रानियाँ थीं ?

(क) 8 (ख) 10

(ग) 15 (घ) 21

229. पांडवों की ओर से लड़ने लिए मगध से कितनी सेना आई थी ?

(क) 4 अक्षौहिणी (ख) 1 अक्षौहिणी

(ग) 2 अक्षौहिणी (घ) 3 अक्षौहिणी

230. श्रीकृष्ण की नारायणी सेना के सैनिकों की कुल कितनी संख्या थी ?

(क) 1,00,00,00,000 (ख) 20,00,00,000

(ग) 10,00,00,000 (घ) 60,00,00,000

231. महाभारत युद्ध में अर्जुन ने कुल कितने दिन पांडव सेना का सेनापतित्व किया था ?

(क) 2 (ख) 3

(ग) 10 (घ) 8

232. कर्ण ने महाभारत युद्ध में कितने दिनों तक भाग लिया था ?

(क) 10 (ख) 7

(ग) 2 (घ) 17

233. पितामह भीष्म महाभारत युद्ध में पांडवों के विरुद्ध कुल कितने दिन तक लड़े थे ?

(क) 10 (ख) 16

(ग) 5 (घ) 13

234. पूरुवंशी राजा अजमीढ़ के पुत्रों की संख्या कितनी थी ?

(क) 60 (ख) 124

(ग) 100 (घ) 40

उत्तर के लिए कृपया पृष्ठ सं. 150 देखें।

235. चित्ररथ गंधर्व ने मित्रतास्वरूप अर्जुन को कुल कितने दिव्य अश्व भेंट किए थे?

(क) 6 (ख) 100

(ग) 118 (घ) 121

236. हस्तिनापुर-नरेश चित्रांगद और गंधर्वराज चित्रांगद के बीच सरस्वती नदी के तट पर कितने वर्षों तक युद्ध चलता रहा था?

(क) 5 (ख) 1

(ग) 7 (घ) 3

237. जनमेजय कुल कितने भाई थे?

(क) 4 (ख) 5

(ग) 6 (घ) 7

238. जरासंध और भीमसेन का युद्ध कितने दिन तक चलता रहा था?

(क) 7 (ख) 14

(ग) 21 (घ) 11

239. भीमसेन में कितने हाथियों का बल था?

(क) 1,000 (ख) 10,000

(ग) 12,000 (घ) 15,000

240. गांधारी की कुल कितनी बहनें थीं?

(क) 2 (ख) 5

(ग) 9 (घ) 6

241. महाभारत युद्ध में पितामह भीष्म ने कुल कितने सैनिकों का संहार किया था?

(क) 1,00,00,00,000 (ख) 10,00,00,000

(ग) 3,00,00,00,000 (घ) 15,00,00,000

242. मत्स्य देश के सेनापति कीचक, जिसे भीमसेन ने मार डाला था, के कुल कितने भाई थे?

(क) 100 (ख) 105

(ग) 121 (घ) 140

243. गांधारी के अतिरिक्त धृतराष्ट्र की अन्य कितनी रानियाँ थीं?

उत्तर के लिए कृपया पृष्ठ सं. 150 देखें।

(क) 5 (ख) 9

(ग) 10 (घ) 11

244. युधिष्ठिर के राजसूय यज्ञ के समय अर्जुन ने ब्राह्मणों को कितने बैल दान किए थे?

(क) 500 (ख) 511

(ग) 1,000 (घ) 1,700

245. युधिष्ठिर के राजसूय यज्ञ में अभिषेक के समय वसुदान जो हाथी लेकर आया था उसकी आयु कितनी थी?

(क) 20 वर्ष (ख) 60 वर्ष

(ग) 70 वर्ष (घ) 80 वर्ष

246. पांडवों के राजसूय यज्ञ में श्रीकृष्ण ने युधिष्ठिर को भेंटस्वरूप विशाल आकार के हाथी दिए थे। उन हाथियों की संख्या कितनी थी?

(क) 10,000 (ख) 14,000

(ग) 15,000 (घ) 17,000

247. 'पांडवों में से जब एक भाई द्रौपदी के साथ एकांतवास कर रहा होगा तो दूसरा भाई वहाँ नहीं जाएगा; किंतु यदि कोई भाई द्रौपदी के एकांतवास को देख लेगा तो उसे ब्रह्मचारी रहकर वन में रहना पड़ेगा।' पांडवों की इस शर्त में कितने समय के वनवास की बात तय थी?

(क) 12 वर्ष (ख) 14 वर्ष

(ग) 16 वर्ष (घ) 17 वर्ष

248. श्रीकृष्ण द्वारा अर्जुन को दिए गए उपदेश 'गीता' में कुल कितने अध्याय हैं?

(क) 10 (ख) 12

(ग) 18 (घ) 20

249. शांतनु से गंगा के भीष्म के अतिरिक्त और कितने पुत्र उत्पन्न हुए थे?

(क) 5 (ख) 7

(ग) 11 (घ) 9

250. अर्जुन के कुल कितने नाम थे?

(क) 10 (ख) 7

उत्तर के लिए कृपया पृष्ठ सं. 150 देखें।

(ग) 13 (घ) 9

251. लाक्षागृह में जलकर भस्म हो जानेवाली भीलनी के साथ उसके कितने पुत्र भी भस्म हो गए थे?

(क) 3 (ख) 4

(ग) 5 (घ) 7

252. अर्जुन स्वर्ग में इंद्र के पास कितने वर्ष तक रहे थे?

(क) 5 (ख) 2

(ग) 10 (घ) 1

253. भीमसेन अकेले ही कितने रथियों के समान माने जाते थे?

(क) 7 (ख) 8

(ग) 9 (घ) 10

254. अश्विनीकुमार कुल कितने हैं?

(क) 2 (ख) 3

(ग) 4 (घ) 5

255. महाभारत युद्ध में सात्यकि कुल कितनी सेना लेकर पांडवों के पक्ष में लड़ने आया था?

(क) 50,000 रथ (ख) 2 अक्षौहिणी

(ग) 65,000 घोड़े (घ) 1 अक्षौहिणी

256. गंगा के गर्भ से कुल कितने वसुओं ने जन्म लिया था?

(क) 8 (ख) 7

(ग) 2 (घ) 13

257. राक्षसों के कुल कितने भेद माने गए हैं?

(क) 5 (ख) 3

(ग) 7 (घ) 11

258. श्रीकृष्ण के कुल कितने पुत्र थे?

(क) 70 (ख) 80

(ग) 90 (घ) 100

259. द्वापर युग के कुल कितने दिव्य वर्ष माने गए हैं?

(क) 2,400 (ख) 1,00,000

उत्तर के लिए कृपया पृष्ठ सं. 150 व 151 देखें।

(ग) 2,000 (घ) 2,700

260. द्यूत की शर्त के अनुसार पांडवों को कुल कितने वर्ष का अज्ञातवास दिया गया?
(क) 14 (ख) 12
(ग) 13 (घ) 1

261. धृतराष्ट्र के कुल कितने पुत्र थे?
(क) 100 (ख) 101
(ग) 102 (घ) 103

262. परशुराम ने कुल कितनी बार पृथ्वी से क्षत्रियों का संहार किया था?
(क) 18 (ख) 21
(ग) 31 (घ) 27

263. धनुर्वेद के कुल कितने भेद माने जाते हैं?
(क) 9 (ख) 4
(ग) 3 (घ) 6

264. मुनि धौम्य ने युधिष्ठिर को सूर्य के कुल कितने नाम बताए थे?
(क) 33 (ख) 101
(ग) 108 (घ) 109

265. महाभारत ग्रंथ में कपिला गौ के कुल कितने भेद बताए गए हैं?
(क) 10 (ख) 7
(ग) 13 (घ) 18

266. महाभारत ग्रंथ में शिव के कुल कितने नाम गिनाए गए हैं?
(क) 100 (ख) 101
(ग) 1,008 (घ) 1,009

267. महाभारत में विष्णु के कुल कितने नाम गिनाए हैं?
(क) 1,008 (ख) 108
(ग) 1,001 (घ) 1,000

268. द्रौपदी ने कितने पांडवों के साथ विवाह किया था?
(क) 2 (ख) 3
(ग) 4 (घ) 5

उत्तर के लिए कृपया पृष्ठ सं. 151 देखें।

269. वसुदेव के कुल कितनी पत्नियाँ थीं?

(क) 4 (ख) 2

(ग) 5 (घ) 3

270. कर्ण ने कुंती को उसके कितने पुत्रों को न मारने का वचन दिया था?

(क) 2 (ख) 3

(ग) 4 (घ) 5

271. मल्ल-युद्ध में कुल कितने प्रकार के मंडल बताए जाते हैं?

(क) 3 (ख) 4

(ग) 5 (घ) 6

□

उत्तर के लिए कृपया पृष्ठ सं. 151 देखें।

5

किसने क्या कहा था

272. 'यदि मैं रणभूमि में श्रीकृष्ण से अस्त्र न उठवा लूँ तो अपने पिता का पुत्र नहीं।' यह प्रण किसने किया था?

(क) द्रोणाचार्य (ख) भीष्म

(ग) कर्ण (घ) शल्य

273. 'पांडवों को मैं सूई की नोक बराबर भूमि भी बिना युद्ध के नहीं दूँगा।' यह कहनेवाला कौन था?

(क) दुर्योधन (ख) धृतराष्ट्र

(ग) दु:शासन (घ) भीष्म

274. 'यदि सूर्यास्त होने से पहले मैं जयद्रथ का वध न कर दूँगा तो चिता में जलकर भस्म हो जाऊँगा।' यह प्रतिज्ञा किसने की थी?

(क) भीमसेन (ख) युधिष्ठिर

(ग) अर्जुन (घ) सात्यकि

275. 'मैं प्रतिज्ञा करता हूँ कि मैं विवाह नहीं करूँगा। और आज से मेरा ब्रह्मचर्य आजीवन अखंड रहेगा।' यह प्रतिज्ञा किस महान् वीर ने की थी?

(क) कृपाचार्य (ख) कर्ण

(ग) युधिष्ठिर (घ) भीष्म

276. 'अश्वत्थामा हतो नरो वा कुंजर:।' यह किसने कहा था?

(क) भीमसेन (ख) श्रीकृष्ण

उत्तर के लिए कृपया पृष्ठ सं. 151 देखें।

(ग) युधिष्ठिर (घ) सहदेव

277. 'मैं प्रतिज्ञा करता हूँ कि रणभूमि में मैं पापी दु:शासन की छाती फाड़ डालूँगा और उसका गरम रक्त पीऊँगा।' यह भीषण प्रतिज्ञा किसने की थी?

(क) भीमसेन (ख) अर्जुन

(ग) धृष्टद्युम्न (घ) चेकितान

278. 'आज युद्धक्षेत्र में हम या तो अर्जुन को मारकर आएँगे अथवा स्वयं मारे जाएँगे।' यह प्रतिज्ञा किनकी थी?

(क) संशप्तकों (ख) कौरवों

(ग) गोप सैनिकों (घ) अंगदेशीय वीरों

279. 'अर्जुन, योद्धा को अपने शस्त्र सहित चिता पर चढ़ना चाहिए।' अर्जुन से यह वाक्य किसने कहा था?

(क) युधिष्ठिर (ख) श्रीकृष्ण

(ग) द्रोणाचार्य (घ) द्रुपद

280. 'नहीं, मैं सूतपुत्र के गले में वरमाला नहीं डाल सकती।' यह घोषणा किसने की थी?

(क) रुक्मिणी (ख) द्रौपदी

(ग) सुभद्रा (घ) बलंधरा

281. 'दुर्योधन! सुन, यदि युद्धक्षेत्र में तेरी यह जाँघ मैंने अपनी गदा से न तोड़ दी तो मैं अपने पूर्व पुरुषों की तरह सद्गति न प्राप्त करूँ।' यह भीषण वाक्य किसने कहा था?

(क) बलराम (ख) पौंड्रक

(ग) भीमसेन (घ) मेघसंधि

282. 'जाओ, मैं वचन देता हूँ कि मैं युद्ध में अर्जुन के अतिरिक्त अन्य किसी पांडव को नहीं मारूँगा।' यह वचन किसने किसको दिया था?

(क) दुर्योधन ने गांधारी को (ख) द्रोणाचार्य ने कुंती को

(ग) भीष्म ने श्रीकृष्ण को (घ) कर्ण ने कुंती को

283. 'युधिष्ठिर! बताओ, सबसे तेज गति किस वस्तु की है?' यह प्रश्न युधिष्ठिर से किसने पूछा था?

उत्तर के लिए कृपया पृष्ठ सं. 151 देखें।

(क) सर्प रूपी नहुष ने (ख) यक्ष रूपी धर्मराज ने
(ग) श्रीकृष्ण ने (घ) गुरु द्रोण ने

284. 'यदि युद्ध में अर्जुन मारा गया तो मैं युधिष्ठिर के साथ हो जाऊँगा, तब पांडव पाँच हो जाएँगे और यदि मैं मारा गया तो अर्जुन सहित पांडव पाँच ही रहेंगे।' कर्ण ने यह किससे कहा था?
(क) कुंती (ख) श्रीकृष्ण
(ग) महर्षि व्यास (घ) इंद्र

285. 'गुरुजी, मुझे तो केवल चिड़िया की आँख दिखाई दे रही है।' यह किसने किससे कहा था?
(क) कर्ण ने आचार्य परशुराम से (ख) एकलव्य ने द्रोणाचार्य से
(ग) अर्जुन ने द्रोणाचार्य से (घ) भीमसेन ने कृपाचार्य से

286. 'इस आत्मा को शस्त्र काट नहीं सकते, अग्नि जला नहीं सकती, जल गला नहीं सकता और वायु सुखा नहीं सकता।' यह प्रसिद्ध वाक्य किसने कहा था?
(क) युधिष्ठिर (ख) अर्जुन
(ग) श्रीकृष्ण (घ) वेदव्यास

287. 'मनुष्यों में से किसी ने भी, वह चाहे कोई भी हो, यदि गांडीव का अपमान किया तो मैं निश्चय ही उसका वध कर डालूँगा।' यह प्रतिज्ञा किसने की थी?
(क) अर्जुन (ख) वरुण
(ग) इंद्र (घ) श्रीकृष्ण

288. 'यद्यपि मैं बालक हूँ, तो भी संपूर्ण प्राणी देखेंगे कि मैं किस तरह आज अकेले ही शत्रु सेना को काल का ग्रास बनाता हूँ। यदि जीते-जी युद्ध में मेरे सामने आकर कोई जीवित बच जाए तो मैं अर्जुन का पुत्र नहीं।' ये वीरोचित उद्‍गार किसके मुख से निकले थे?
(क) इरावान् (ख) अभिमन्यु
(ग) बभ्रुवाहन (घ) श्रुतकीर्ति

289. 'माँ, आज हम लोग यह भिक्षा लाए हैं।'...'पुत्र, पाँचों भाई मिलकर उसका उपभोग करो।' उपर्युक्त संवाद में से द्वितीय वाक्य किसने कहा था?

उत्तर के लिए कृपया पृष्ठ सं. 151 देखें।

(क) द्रौपदी (ख) कुंती
(ग) सत्यवती (घ) माद्री

290. 'राजन्! मैं तुम्हारी रानी बनूँगी; किंतु एक शर्त है कि मैं भला या बुरा जो भी करूँ, आप मुझे रोकेंगे नहीं तथा न ही मुझे अप्रिय वचन कहेंगे।' यह किसने कहा था?
(क) सत्यवती (ख) उलूपी
(ग) गंगा (घ) अंबा

291. 'द्रोण! तुम्हारी बुद्धि अभी परिपक्व नहीं हुई। देखो न, तुमने कैसे बिना विचार किए कह दिया कि मैं तुम्हारा सखा हूँ! तब हम दोनों समान थे तो हममें मित्रता थी। किंतु अब मैं धनी हूँ और तुम निर्धन। तुम्हारी-मेरी क्या समानता! तुम्हारा मित्रता का दावा हास्यास्पद है। तुम कहते हो कि मैंने तुम्हें राज्य देने का वादा किया था; पर मुझे तो कुछ स्मरण नहीं है। हाँ, यदि तुम चाहो तो हमारे यहाँ इच्छानुसार भोजन कर सकते हो।' द्रोणाचार्य से ये कटुवचन किसने कहे थे?
(क) भीष्म (ख) द्रुपद
(ग) विराट (घ) धृतराष्ट्र

292. 'स्वयंवर में पधारे नरपतियो और राजकुमारो! यह धनुष है, ये बाण हैं और यह आप लोगों के सामने लक्ष्य है। आप लोग घूमते हुए यंत्र के छिद्र में से अधिक-से-अधिक पाँच बाण मारकर लक्ष्यवेध कर दें। जो वीर धनुर्धर यह महान् कौशल कर दिखाएगा उसे ही मेरी बहन पति के रूप में वरण करेगी।' यह घोषणा किसने किसके स्वयंवर में की थी?
(क) सुशर्मा ने बलंधरा के स्वयंवर में
(ख) धृष्टद्युम्न ने द्रौपदी के स्वयंवर में
(ग) रुक्मि ने रुक्मिणी के स्वयंवर में
(घ) भोज ने कुंती के स्वयंवर में

293. 'अर्जुन ने हमारे वंश की महत्ता समझकर ही हमारी बहन का हरण किया है। उनका कार्य क्षत्रिय धर्म के अनुरूप हुआ है और हमारे योग्य है। कुंतिभोज के दौहित्र को अपनी कन्या देना हमारे लिए सम्मान और गर्व की बात होगी। सुभद्रा और अर्जुन की जोड़ी बहुत सुंदर रहेगी।' यह बात

उत्तर के लिए कृपया पृष्ठ सं. 151 देखें।

किसने कही थी ?

(क) बलराम (ख) सत्यक

(ग) श्रीकृष्ण (घ) वसुदेव

294. 'जिसकी गोद में जाने पर इस बालक की दो अतिरिक्त भुजाएँ गिर पड़ें और जिसके देखने मात्र से इसका तीसरा नेत्र लुप्त हो जाए, उसी के हाथों इसकी मृत्यु होगी!' यह आकाशवाणी किस बालक के संबंध में हुई थी ?

(क) जयद्रथ (ख) जरासंध

(ग) शिशुपाल (घ) शकुनि

295. 'यदि इस कृष्ण ने बचपन में किसी पक्षी (बकासुर), घोड़े (केशी) अथवा बैल (वृषभासुर) को मार ही डाला तो क्या हुआ ? वे कोई योद्धा तो नहीं थे। यदि इसने चेतनाहीन छकड़े (शकटासुर) को पैर मारकर उलट दिया तो क्या चमत्कार कर दिया ? यदि इसने गोवर्धन पर्वत को सात दिन तक उठाए रखा तो कौन सी अलौकिक घटना घट गई ? अवश्य ही यह सुनकर आश्चर्य हुआ कि पेटू कृष्ण ने गोवर्धन पर बहुत सा अन्न खा लिया। जिस महाबली कंस का नमक खाकर यह पला था, उन्हीं को इसने मार डाला। है न कृतघ्नता की हद!' श्रीकृष्ण को ये दुर्वचन किसने कहे थे ?

(क) जरासंध (ख) शिशुपाल

(ग) दंतवक्त्र (घ) शाल्व

296. 'कृष्ण, मैं तुम्हें ललकारता हूँ। आओ, मुझसे भिड़ जाओ। मैं पांडवों के साथ तुम्हें यमपुरी भेज दूँ। पांडवों ने मूर्खतावश तुम्हारे जैसे दास, मूर्ख और अयोग्य की पूजा की है।' यह मूर्खतापूर्ण ललकार किसकी थी ?

(क) शिशुपाल (ख) दुर्योधन

(ग) शाल्व (घ) पौंड्रक वासुदेव

297. 'नरपतियो! मैंने इसे अब तक जो क्षमा किया था, उसका कारण यह था कि मैंने इसकी माता की प्रार्थना से इसके सौ अपराध क्षमा करने की बात स्वीकार कर ली थी। अब मेरे वचन के अनुसार वह संख्या पूरी हो गई। इसलिए आप लोगों के सामने ही मैं इसका सिर धड़ से अलग किए देता हूँ।' यह बात किसने किसके लिए कही थी ?

(क) श्रीकृष्ण ने शिशुपाल के लिए

उत्तर के लिए कृपया पृष्ठ सं. 151 देखें।

(ख) अर्जुन ने चित्ररथ के लिए
(ग) कर्ण ने अर्जुन के लिए
(घ) भीष्म ने कर्ण के लिए

298. 'मेरे प्रिय शिष्यो! गुरुदक्षिणा के रूप में तुम द्रुपद को बाँधकर मेरे सम्मुख लाओ।' यह आदेश किस गुरु का था?
(क) परशुराम (ख) द्रोणाचार्य
(ग) कृपाचार्य (घ) अग्निवेश

299. 'एकलव्य! यदि तुम सचमुच मुझे अपना गुरु मानते हो तो गुरुदक्षिणास्वरूप अपने दाहिने हाथ का अँगूठा अर्पित करो।' एकलव्य से यह गुरुदक्षिणा किसने माँगी थी?
(क) कृपाचार्य (ख) द्रोणाचार्य
(ग) परशुराम (घ) श्रीकृष्ण

300. 'बृहन्नला! तुम संग्राम भूमि में आए हुए भीष्म, द्रोण आदि कौरवों को जीतकर हमारी गुड़ियों के लिए रंग-बिरंगे महीन और कोमल वस्त्र लाना।' बृहन्नला बने अर्जुन से यह किसने कहा था?
(क) उत्तरा (ख) सुदेष्णा
(ग) सैरंध्री (घ) विराट

301. 'राजाओ! मैं तुम लोगों के सामने इन कन्याओं का बलपूर्वक हरण करता हूँ। तुम लोग अपनी पूरी शक्ति लगाकर मुझे जीत लो या हारकर भाग जाओ। मैं तुम लोगों के सामने युद्ध के लिए खड़ा हूँ।' यह ललकार किसके मुख से निकली थी?
(क) श्रीकृष्ण (ख) भीष्म
(ग) अर्जुन (घ) भीमसेन

302. 'अर्जुन, जिस समय देवाधिदेव महादेव तुमपर प्रसन्न होंगे उस समय तुम्हारे तप के प्रभाव से मैं तुम्हें अपने सारे अस्त्र दे दूँगा।' अर्जुन से यह किसने कहा था?
(क) श्रीकृष्ण (ख) आचार्य परशुराम
(ग) इंद्र (घ) द्रोणाचार्य

303. 'मयासुर, यदि तुम धर्मराज युधिष्ठिर का प्रिय कार्य करना चाहते हो तो

उत्तर के लिए कृपया पृष्ठ सं. 151 देखें।

अपनी रुचि के अनुसार उनके लिए एक सभा बना दो। सभा ऐसी हो कि चतुर शिल्पी भी देखकर उसकी नकल न कर सकें। उसमें देवता, मनुष्य और असुरों का संपूर्ण कला-कौशल प्रकट होना चाहिए।' मयासुर को यह आज्ञा किसने दी थी?

(क) श्रीकृष्ण (ख) अर्जुन

(ग) विदुर (घ) इंद्र

304. 'मेरे लिए स्त्री, मित्र अथवा भाई-बंधु कोई भी अर्जुन से बढ़कर प्रिय नहीं है। इस संसार को अर्जुन के बिना मैं एक क्षण भी नहीं देख सकता।' यह किसने कहा था?

(क) द्रोणाचार्य (ख) युधिष्ठिर

(ग) भीष्म (घ) श्रीकृष्ण

305. 'महाभारत युद्ध में एक ओर मेरी संपूर्ण सेना रहेगी और दूसरी ओर मैं स्वयं रहूँगा; किंतु मैं न तो युद्ध करूँगा और न शस्त्र ही धारण करूँगा।' यह घोषणा किसने की थी?

(क) रुक्मि (ख) श्रीकृष्ण

(ग) बलराम (घ) शिशुपाल

306. 'अर्जुन, देखते क्या हो? सूर्यास्त अभी नहीं हुआ। वह रहा जयद्रथ। अपना गांडीव उठाओ और उसका वध करो।' अर्जुन से यह किसने कहा था?

(क) युधिष्ठिर (ख) भीमसेन

(ग) श्रीकृष्ण (घ) विराट

307. 'राजन्, जिस समय कर्ण और अर्जुन रथों पर चढ़कर आपस में युद्ध करेंगे उस समय आपको कर्ण का सारथि बनना होगा—इसमें संदेह नहीं है। यदि आप मेरा भला चाहते हैं तो उस समय अर्जुन की रक्षा करें और मेरी विजय के लिए कर्ण का उत्साह भंग करते रहें।' यह किसने किससे कहा था?

(क) युधिष्ठिर ने शल्य से (ख) युधिष्ठिर ने भगदत्त से

(ग) भीमसेन ने सुबल से (घ) श्रीकृष्ण ने कृतवर्मा से

308. 'जब तक महाभारत के युद्ध में पितामह भीष्म रहेंगे, मैं युद्ध में भाग नहीं लूँगा—और न ही युद्धक्षेत्र में रहूँगा।' यह प्रतिज्ञा किसने की थी?

(क) शल्य (ख) कर्ण

उत्तर के लिए कृपया पृष्ठ सं. 151 देखें।

(ग) भगदत्त (घ) द्रोणाचार्य

309. 'युवराज दुर्योधन! आप पहले आए हैं, इसमें तो संदेह नहीं, किंतु मैंने पहले देखा अर्जुन को है; अत: आप पहले आए हैं और अर्जुन को मैंने पहले देखा है—इसलिए मैं दोनों ही की सहायता करूँगा।' यह निर्णय किसका था?

(क) श्रीकृष्ण (ख) रुक्मि

(ग) भगदत्त (घ) चेकितान

310. 'कर्ण, तुमने अच्छी तरह सोच-विचारकर बाण नहीं छोड़ा था, इसलिए मैं अर्जुन का मस्तक न उड़ा सका। अब जरा निशाना साधकर चलाओ, फिर मैं अपने और तुम्हारे इस शत्रु का सिर अभी काट डालता हूँ।' कर्ण से यह किसने कहा था?

(क) अश्वसेन नाग (ख) शल्य

(ग) दुर्योधन (घ) भूरिश्रवा

311. 'युद्ध में मैं शिखंडी को नहीं मारूँगा, क्योंकि पहले वह स्त्री रूप में उत्पन्न हुआ था।' यह घोषणा किसने की थी?

(क) द्रोणाचार्य (ख) अर्जुन

(ग) भीष्म पितामह (घ) कर्ण

312. 'हे पार्थ! युद्ध के आरंभ में शत्रुओं को पराजित करने के लिए तुम पवित्र होकर दुर्गा देवी की स्तुति करो।' यह आज्ञा किसने किसको दी थी?

(क) श्रीकृष्ण ने अर्जुन को (ख) द्रोणाचार्य ने अर्जुन को

(ग) युधिष्ठिर ने अर्जुन को (घ) श्रीकृष्ण ने युधिष्ठिर को

313. 'श्रीकृष्ण, युद्धक्षेत्र में डटे हुए इस स्वजन समुदाय को देखकर मेरे अंग शिथिल हुए जा रहे हैं और मुख सूखा जा रहा है। हाथ से धनुष गिर रहा है। केशव! मैं न तो विजय चाहता हूँ और न राज्य तथा सुखों को ही। हमें जिनके लिए राज्य, भोग और सुख आदि अभीष्ट हैं वे ही ये सब धन और जीवन की आशा को त्यागकर युद्ध में खड़े हैं। गुरुजन, ताऊ-चाचे, लड़के और उसी प्रकार दादे, मामे, ससुर, नाती, साले तथा और भी संबंधी लोग हैं। श्रीकृष्ण, तीनों लोकों के राज्य के लिए भी मैं इन्हें नहीं मारना चाहता।' यह सब किसने कहाँ कहा था?

उत्तर के लिए कृपया पृष्ठ सं. 151 देखें।

(क) युधिष्ठिर ने मत्स्य देश में (ख) अर्जुन ने कुरुक्षेत्र में
(ग) बलराम ने मथुरा में (घ) सात्यकि ने विदर्भ में

314. 'पुत्र अर्जुन! तुम्हारे बाणों से मेरा शरीर जल रहा है। मर्म स्थानों में बहुत पीड़ा हो रही है। मेरा मुँह सूखता चला जा रहा है। मुझे पानी पिलाओ। तुममें यह सामर्थ्य है।' अर्जुन से इस प्रकार किसने कहा था?
(क) पितामह भीष्म (ख) द्रोणाचार्य
(ग) सुबल (घ) बाह्लीक

315. 'कर्ण! पांडवों के वनवास का तेरहवाँ वर्ष बीत जाने पर भी जब तुमने उनका राज्य वापस नहीं लौटाने दिया था तब तुम्हारा धर्म कहाँ था? वारणावत में लाक्षागृह में सोए पांडवों को भस्म कर डालने का जब तुमने षड्यंत्र रचा था तब तुम्हारा धर्म कहाँ था? अभिमन्यु बालक था और वह भी अकेला व निरस्त्र, तो भी तुम छह-छह महारथियों ने घेरकर उसे मार डाला था, उस समय तुम्हारा धर्म कहाँ था?' कर्ण से इस प्रकार किसने प्रश्न-पर-प्रश्न किए थे?
(क) अर्जुन (ख) श्रीकृष्ण
(ग) युधिष्ठिर (घ) भीष्म

316. 'अर्जुन, तुम थोड़े ही दिनों में अपने शत्रुओं पर विजय प्राप्त कर लोगे। तुम साक्षात् नर हो और नारायण तुम्हारे सहायक हैं; तुम्हें कोई पराजित नहीं कर सकता। शत्रुओं की तो बात ही क्या है, स्वयं वज्रधारी इंद्र के लिए भी तुम युद्ध में अजेय हो।' उपर्युक्त वक्तव्य किसका था?
(क) दुर्गा देवी (ख) भीष्म पितामह
(ग) महर्षि धौम्य (घ) विदुर

317. 'क्रतु मैं हूँ, यज्ञ मैं हूँ, ओषधि मैं हूँ, मंत्र मैं हूँ, घृत मैं हूँ, अग्नि मैं हूँ और हवनरूप क्रिया भी मैं ही हूँ। इस संपूर्ण जगत् को धारण करनेवाला तथा कर्मों के फल को देनेवाला, पिता, माता, पितामह, जानने योग्य पवित्र, 'ओंकार' तथा ऋग्वेद, सामवेद और यजुर्वेद भी मैं ही हूँ।' यह किसने किससे और कहाँ कहा था?
(क) शिवजी ने जयद्रथ से, कैलास पर
(ख) धर्मराज ने युधिष्ठिर से, सरोवर किनारे

उत्तर के लिए कृपया पृष्ठ सं. 151 देखें।

(ग) श्रीकृष्ण ने अर्जुन से, कुरुक्षेत्र युद्धस्थल में

(घ) इंद्र ने कर्ण से, गंगा किनारे

318. 'अर्जुन! ठहरो, इस समय इन दिव्यास्त्रों का प्रयोग न करो। बिना किसी लक्ष्य के इनका प्रयोग नहीं करना चाहिए। यदि कोई शत्रु लक्ष्य हो तो भी जब तक वह अपने ऊपर प्रहार करके कष्ट न पहुँचावे तब तक उसपर भी दिव्यास्त्रों का प्रयोग नहीं करते। यदि तुमने व्यर्थ प्रयोग से इनकी रक्षा नहीं की तो ये संपूर्ण विश्व का नाश कर डालेंगे; अतः आज से फिर कभी ऐसा न करना।' किसने अर्जुन को इस प्रकार सावधान किया था?

(क) महर्षि नारद (ख) महर्षि व्यास

(ग) शिव (घ) इंद्र

319. 'द्रौपदी! तुम शीघ्र ही कौरव स्त्रियों को रोते हुए देखोगी। जिनपर तुम्हारा कोप है उन शत्रुओं के स्वजन, सुहृद् और सेना आदि के नष्ट हो जाने पर उनकी स्त्रियाँ भी इसी प्रकार रोवेंगी। यदि काल के वश में पड़े हुए कौरव मेरी बात नहीं मानेंगे तो युद्ध में मारे जाकर श्वानों और श्रृगालों के भोजन बनेंगे।' द्रौपदी से सांत्वना भरे ये वचन किसने कहे थे?

(क) भीम (ख) अर्जुन

(ग) श्रीकृष्ण (घ) धृष्टद्युम्न

320. 'मैं प्रतिज्ञा करता हूँ कि जब तक धृष्टद्युम्न का वध नहीं कर दूँगा, अपना कवच नहीं उतारूँगा। यदि मेरी प्रतिज्ञा झूठी हो तो मुझे स्वर्ग न मिले।' उक्त प्रतिज्ञा किसने की थी?

(क) कर्ण (ख) अश्वत्थामा

(ग) दुर्योधन (घ) कृतवर्मा

321. 'रुको युधिष्ठिर! मेरे प्रश्नों के उत्तर दिए बिना यदि तुम सरोवर के जल को हाथ लगाओगे तो तुम्हारी भी वही स्थिति होगी, जो तुम्हारे भाइयों की हुई है।' यह चेतावनी युधिष्ठिर को किसने दी थी?

(क) चित्ररथ गंधर्व (ख) यक्ष

(ग) इंद्र (घ) नहुष

322. 'महाराज दुर्योधन! पितामह भीष्म, आचार्य द्रोण, जयद्रथ, कर्ण जैसे हमारे योद्धा मारे जा चुके हैं। अब किसके भरोसे हम युद्ध में विजय की बात

उत्तर के लिए कृपया पृष्ठ सं. 151 व 152 देखें।

सोचें? अर्जुन व श्रीकृष्ण के रहते पांडवों को पराजित करना असंभव है। हमारी सेना में कौन है जो अर्जुन को हरा सके? दुर्योधन, मेरी राय मानो, पांडवों से संधि कर लो।' दुर्योधन को यह सलाह किसने दी थी?

(क) कृपाचार्य (ख) अश्वत्थामा
(ग) कृतवर्मा (घ) शल्य

323. 'कर्ण, तुम कुंती के पुत्र हो। अर्जुन, भीम, युधिष्ठिर आदि तुम्हारे अनुज हैं। तुम कौरवों का पक्ष छोड़ो और पांडवों के साथ आ जाओ।' कर्ण से यह किसने कहा था?

(क) इंद्र (ख) कुंती
(ग) श्रीकृष्ण (घ) वेदव्यास

324. 'दुर्योधन, तुम पांडवों को उनका आधा राज्य नहीं दे रहे, न दो। मैं तुमसे पांडवों के लिए पाँच गाँव माँग रहा हूँ। वह उन्हें दे दो। मैं उन्हें इतने पर ही मना लूँगा।' दुर्योधन से यह माँग किसने की थी?

(क) श्रीकृष्ण (ख) विदुर
(ग) संजय (घ) कृपाचार्य

325. 'कीचक! तू काम से मोहित होकर मृत्यु के मुख में जाना चाहता है। मैं पाँच गंधर्वों की पत्नी हूँ। वे बहुत वीर हैं और तुझे अवश्य मार डालेंगे।' यह चेतावनी किसकी थी?

(क) सुदेष्णा (ख) कुंती
(ग) भानुमती (घ) द्रौपदी

326. 'दारुक, तुम शीघ्र हस्तिनापुर जाकर अर्जुन को यादवों के इस महासंहार की सूचना दो। ब्राह्मणों के शाप से समस्त यदुवंशियों का नाश हो चुका है, यह सुनकर अर्जुन शीघ्र द्वारका चले आएँ।' दारुक से यह किसने कहा था?

(क) श्रीकृष्ण (ख) बलराम
(ग) वसुदेव (घ) अक्रूर

□

उत्तर के लिए कृपया पृष्ठ सं. 152 देखें।

6

वरदान और शाप

327. 'तुम इस मंत्र से जिस देवता का आवाहन करोगी, वह चाहे अथवा न चाहे, तुम्हारे अधीन हो जाएगा।' यह वर किसने किसको दिया था?
(क) महर्षि व्यास ने गांधारी को (ख) श्रीकृष्ण ने द्रौपदी को
(ग) ऋषि दुर्वासा ने कुंती को (घ) ऋषि कण्व ने शकुंतला को

328. गांधारी को सौ पुत्र होने का वरदान किसने दिया?
(क) नारद (ख) शिव
(ग) इंद्र (घ) दुर्वासा

329. भीष्म को इच्छा-मृत्यु का वरदान किसने दिया था?
(क) परशुराम (ख) शांतनु
(ग) सत्यवती (घ) गंगा

330. 'श्रीकृष्ण, तुम आर्तों को आश्वासन और भयभीतों को अभय देते हो। इसलिए मुझे एक वर दो। तुम मेरी ओर देखकर शिशुपाल के सारे अपराध क्षमा कर देना। बस, मैं केवल इतना ही वर माँगती हूँ।' श्रीकृष्ण से यह वर किसने माँगा था?
(क) श्रुतश्रवा (ख) कुंती
(ग) देवकी (घ) रोहिणी

331. वह कौन था, जिसे यह शाप मिला था कि यदि वह स्त्री-समागम करेगा तो उसकी मृत्यु हो जाएगी?

उत्तर के लिए कृपया पृष्ठ सं. 152 देखें।

(क) अर्जुन (ख) श्रीकृष्ण
(ग) द्रोणाचार्य (घ) पांडु

332. जयद्रथ को यह वरदान किसने दिया था कि तुम केवल एक दिन अर्जुन के अलावा शेष चार पांडवों को युद्ध में जीत सकोगे?
(क) ब्रह्मा (ख) इंद्र
(ग) शिव (घ) व्यास

333. 'कर्ण! तू मार डालने योग्य है। तूने यह महान् पातक किया है। ले, इस पाप का फल भोग। युद्ध के समय अंत समय में तेरे रथ का पहिया पृथ्वी में धँस जाएगा और निकाले नहीं निकलेगा। उस समय तू बहुत घबराया हुआ रहेगा। और उसी समय शत्रु तेरा मस्तक छिन्न कर डालेगा।' कर्ण को यह शाप किसने दिया था?
(क) एक ब्राह्मण (ख) परशुराम
(ग) द्रोणाचार्य (घ) व्यास

334. 'कर्ण, तूने मेरे साथ छल किया है। जा, अवसर आने पर मेरी दी हुई विद्या तू भूल जाएगा।' कर्ण को यह शाप किसने दिया था?
(क) द्रोणाचार्य (ख) सूर्य
(ग) महर्षि वेदव्यास (घ) आचार्य परशुराम

335. 'राजन्, आपने मुझे जैसी अवस्था में मारा है वह सर्वथा मारने के अनुपयुक्त थी। इसलिए कभी आप अपनी पत्नी के साथ समागम करेंगे तो उसी अवस्था में आपकी मृत्यु हो जाएगी।' यह शाप किसने किसको दिया था?
(क) मुनि किंदम ने महाराज पांडु को
(ख) ऋषि जरत्कारु ने राजा परीक्षित् को
(ग) महर्षि धौम्य ने चेकितान को
(घ) आचार्य परशुराम ने कर्ण को

336. 'भगवन्! यदि आप मुझपर प्रसन्न होकर वर देना चाहते हैं तो मुझे अपना पाशुपतास्त्र दे दीजिए। उस अस्त्र से मैं भावी युद्ध में सबको जीत सकूँ, ऐसी कृपा कीजिए।' यह वर किसने किससे माँगा था?
(क) अर्जुन ने शिव से (ख) कर्ण ने परशुराम से
(ग) दुर्योधन ने शिव से (घ) भीमसेन ने ब्रह्माजी से

उत्तर के लिए कृपया पृष्ठ सं. 152 देखें।

337. 'मैं दूसरा वर यह माँगती हूँ कि रथ और धनुष के साथ भीमसेन, अर्जुन, नकुल और सहदेव भी दासत्व से मुक्त होकर स्वाधीन हो जाएँ।' यह वर किसने किससे माँगा था?

(क) कुंती ने यक्ष से (ख) गांधारी ने धृतराष्ट्र से
(ग) द्रौपदी ने धृतराष्ट्र से (घ) द्रौपदी ने श्रीकृष्ण से

338. 'भगवन्, हम बारह वर्ष तक वन में रहे, अब तेरहवाँ वर्ष आ लगा है; अतः ऐसा वर दीजिए कि इसमें हमें कोई पहचान न सके।' यह वर किसने किससे माँगा था?

(क) अर्जुन ने इंद्र से (ख) युधिष्ठिर ने धर्मराज से
(ग) नकुल ने श्रीकृष्ण से (घ) भीमसेन ने शिव से

339. 'कृष्ण, जैसे मेरे वंश का नाश हुआ है वैसे ही तुम्हारे वंश का—यादव वंश का—भी नाश होगा। बंधु-बांधवों, मंत्री व पुत्रों का नाश हो जाने पर एक साधारण कारण से तुम अनाथ की तरह मारे जाओगे।' श्रीकृष्ण को यह शाप किसने दिया था?

(क) धृतराष्ट्र (ख) दुर्योधन
(ग) गांधारी (घ) वेदव्यास

340. 'परीक्षित् ने मेरे निरपराध पिता के ऊपर साँप डालकर उनका तिरस्कार किया है। मैं उस दुष्ट को शाप देता हूँ कि उसे तक्षक नाग क्रोध करके सात दिन के अंदर डस लेगा, जिससे उसकी मृत्यु हो जाएगी।' परीक्षित् को यह शाप किसने दिया था?

(क) शमीक (ख) शृंगी
(ग) जरत्कारु (घ) आस्तीक

341. 'मैं शाप देता हूँ कि स्त्रियाँ आज से कोई भी गोपनीय बात अपने मन में छिपा नहीं सकेंगी।' यह शाप किसने दिया था?

(क) युधिष्ठिर (ख) श्रीकृष्ण
(ग) कर्ण (घ) अर्जुन

342. 'जनमेजय! मेरा पुत्र निरपराध था, तो भी तुमने इसे मारा है; अतः तुम्हारे ऊपर अचानक ऐसा भय उपस्थित होगा जिसकी पहले से कोई संभावना न रही हो।' यह शाप किसने दिया था?

उत्तर के लिए कृपया पृष्ठ सं. 152 देखें।

(क) उच्चैःश्रवा (अश्व) (ख) अश्वत्थामा (हाथी)

(ग) सरमा (कुतिया) (घ) तक्षक (नाग)

343. उर्वशी अप्सरा ने किस पांडव को नपुंसक हो जाने का शाप दिया था?

(क) युधिष्ठिर (ख) अर्जुन

(ग) नकुल (घ) सहदेव

344. अर्जुन को उर्वशी ने कितने वर्ष तक नपुंसक रहने का शाप दिया था?

(क) 2 (ख) 3

(ग) 5 (घ) 1

345. द्रौपदी को (पूर्वजन्म में) पाँच पति प्राप्त होने का वरदान किसने दिया था?

(क) इंद्र (ख) ब्रह्मा

(ग) शिव (घ) नारद

□

उत्तर के लिए कृपया पृष्ठ सं. 152 देखें।

7

अस्त्र-शस्त्र

346. उस अस्त्र को क्या कहते हैं जिसके प्रयोग करने पर पत्थरों की वर्षा होने लगती थी ?

(क) ऐंद्रास्त्र (ख) पर्वतास्त्र

(ग) वारुणास्त्र (घ) जृंभकास्त्र

347. अर्जुन ने जिस बाण को मारकर कर्ण का मस्तक काटा था, उसका क्या नाम था ?

(क) रुद्रास्त्र (ख) अंजलिक

(ग) शोलेष (घ) ब्रह्मशिरस्

348. उस शक्ति का नाम बताइए, जिसे चलाकर कर्ण ने घटोत्कच को मृत्यु की नींद सुला दिया था ?

(क) विध्वंशक (ख) वैजयंती

(ग) सुषुप्ता (घ) अशनि

349. उस घास का क्या नाम था, जिसे उखाड़कर श्रीकृष्ण ने मुट्ठी में लिया तो वह मूसल बन गई और जिससे श्रीकृष्ण ने अनेक यादवों का संहार किया ?

(क) दूर्वा (ख) एरका

(ग) मोथा (घ) अपामार्ग

350. विराट पर कौरवों के आक्रमण में अर्जुन ने जिस अस्त्र को चलाकर कौरव महारथियों को सम्मोहित और अचेत कर दिया था उसे क्या कहते थे ?

उत्तर के लिए कृपया पृष्ठ सं. 152 देखें।

(क) जृंभकास्त्र (ख) पर्जन्यास्त्र
(ग) वारुणास्त्र (घ) सम्मोहनास्त्र

351. उस महास्त्र का नाम बताइए, जिसका प्रयोग कर अश्वत्थामा ने उत्तरा के गर्भ को नष्ट करने का प्रयास किया था?
(क) ऐषीकास्त्र (ख) वायव्यास्त्र
(ग) जृंभकास्त्र (घ) पर्जन्यास्त्र

352. महाभारत युद्ध के अंत में अश्वत्थामा द्वारा ब्रह्मास्त्र का प्रयोग करने पर अर्जुन ने जिस अस्त्र को छोड़कर उसका प्रतिकार किया था उसका नाम बताइए।
(क) ब्रह्मास्त्र (ख) वारुणास्त्र
(ग) जृंभकास्त्र (घ) पाशुपतास्त्र

353. उस अस्त्र को क्या कहते थे जिसके प्रयोग से शत्रु सैनिक निद्रा का अनुभव करने लगते थे?
(क) वायव्यास्त्र (ख) जृंभकास्त्र
(ग) ब्रह्मास्त्र (घ) वारुणास्त्र

354. अर्जुन के सुप्रसिद्ध धनुष का नाम बताइए।
(क) शार्ङ्ग (ख) वैष्णव
(ग) अजगव (घ) गांडीव

355. शिव ने अर्जुन को जो अस्त्र दिया था उसे क्या कहते हैं?
(क) पिनाक (ख) पाशुपत
(ग) ऐंद्र (घ) जृंभक

356. 'वज्रदंड' नामक अस्त्र अर्जुन को किसने दिया था?
(क) शिव (ख) वरुण
(ग) कुबेर (घ) इंद्र

357. श्रीकृष्ण के प्रसिद्ध धनुष का नाम बताइए।
(क) गांडीव (ख) सुदर्शन
(ग) शार्ङ्ग (घ) पाञ्चजन्य

358. श्रीकृष्ण के खड्ग का नाम बताइए।
(क) शार्ङ्ग (ख) नंदक

उत्तर के लिए कृपया पृष्ठ सं. 152 देखें।

(ग) पाञ्चजन्य (घ) दारुक

359. वरुण द्वारा प्रदत्त श्रीकृष्ण की गदा का नाम बताइए।

(क) पाञ्चजन्य (ख) हिरण्याक्षी

(ग) कौमोदकी (घ) शामक

360. श्रीकृष्ण के चक्र का नाम बताइए।

(क) ईशान् (ख) सुदर्शन

(ग) अरिनाशक (घ) शिवम्

361. पिता द्रोण के वध से क्रोधोन्मत्त अश्वत्थामा ने पांडवों पर जिस भयंकर अस्त्र को छोड़ा था उसका क्या नाम था?

(क) नारायणास्त्र (ख) जृंभकास्त्र

(ग) ब्रह्मास्त्र (घ) पर्जन्यास्त्र

362. अर्जुन द्वारा मगर से बचाए जाने पर प्रसन्न होकर गुरु द्रोण ने अर्जुन को जिस अमोघ अस्त्र के प्रयोग की विद्या बतलाई थी, उसको क्या कहते थे?

(क) वायव्यास्त्र (ख) ब्रह्मशिर

(ग) ब्रह्मास्त्र (घ) नारायणास्त्र

363. कुबेर ने अर्जुन को जो अनुपम अस्त्र दिया था उसका क्या नाम था?

(क) पर्जन्य (ख) सम्मोहन

(ग) अंतर्धान (घ) प्रलयंकर

364. 'पिनाक' किसके त्रिशूल का नाम था?

(क) श्रीकृष्ण (ख) शिव

(ग) अर्जुन (घ) द्रोण

365. सहदेव की प्रसिद्ध तलवार का नाम बताइए?

(क) कौशिकी (ख) वैजयंती

(ग) चंद्रहास (घ) यमी

366. परशुराम से युद्ध करते हुए भीष्म को अष्टवसुओं से जो महान् अस्त्र प्राप्त हुआ था उसे क्या कहते हैं?

(क) वारुणास्त्र (ख) पाशुपतास्त्र

(ग) जृंभकास्त्र (घ) प्रस्वापनास्त्र

367. वह कौन था, जिसने महर्षि परशुराम को परशु प्रदान किया था?

उत्तर के लिए कृपया पृष्ठ सं. 152 देखें।

(क) शिव (ख) वरुण

(ग) ब्रह्मा (घ) इंद्र

368. एक ब्रह्मास्त्र को दूसरे ब्रह्मास्त्र का प्रयोग कर दबा देने से कितने वर्षों तक वर्षा नहीं होती थी?

(क) 10 (ख) 12

(ग) 20 (घ) 25

369. अर्जुन को गांडीव (धनुष) किसने दिया था?

(क) इंद्र (ख) वरुण

(ग) शिव (घ) श्रीकृष्ण

370. महाप्रस्थान के लिए जाते समय अर्जुन ने अपना गांडीव धनुष और अक्षय तूणीर किसे दे दिया था?

(क) हस्तिनापुर के राजभवन में ही रख गए थे

(ख) इंद्र

(ग) वरुण

(घ) अग्निदेव के कहने पर जल में डाल दिया था

371. वह कौन पांडव था, जो युद्ध में गदा एवं धनुष-बाण दोनों से युद्ध करने में पारंगत था?

(क) भीमसेन (ख) अर्जुन

(ग) नकुल (घ) युधिष्ठिर

372. कर्ण द्वारा मारे गए सर्पमुख बाण से अर्जुन की रक्षा श्रीकृष्ण ने कैसे की थी?

(क) पाँव के अँगूठे से रथ को पृथ्वी में धँसाकर

(ख) अश्वों सहित रथ को वायु में उड़ाकर

(ग) अपने चक्र से बाण का प्रतिकार कर

(घ) योग विद्या के बल पर बाण को प्रभावहीन कर

373. प्रस्वापनास्त्र का आविष्कार किसने किया था?

(क) ब्रह्मा (ख) विश्वकर्मा

(ग) परशुराम (घ) इंद्र

374. कर्ण को ब्रह्मास्त्र की शिक्षा किसने दी थी?

उत्तर के लिए कृपया पृष्ठ सं. 152 देखें।

(क) भीष्म (ख) द्रोण
(ग) परशुराम (घ) श्रीकृष्ण

375. जिस बाण का अग्र भाग सीधा गोल हो उसे क्या कहते हैं?
(क) नाराच (ख) भल्ल
(ग) अंजलिक (घ) वत्सदंत

376. जिस बाण का अग्र भाग फरसे के समान हो उसे क्या कहते हैं?
(क) शूल (ख) क्षुर
(ग) भल्ल (घ) सिंहदंष्ट्र

377. जिसका मुख भाग हाथों की अंजलि के समान हो उस बाण को क्या कहते हैं?
(क) भल्ल (ख) अंजलिक
(ग) वत्सदंत (घ) नाराच

378. जिस बाण का अग्र भाग बछड़े के दाँतों के समान दिखाई देता हो उसे क्या कहा जाता है?
(क) नाराच (ख) अंजलिक
(ग) भल्ल (घ) वत्सदंत

379. सिंह की दाढ़ के समान अग्र भागवाले बाण को क्या कहते हैं?
(क) सिंहदंष्ट्र (ख) क्षुर
(ग) शूल (घ) वत्सदंत

380. जिस बाण का अग्र भाग क्षुरे की धार के समान हो उसे क्या कहते हैं?
(क) अंजलिक (ख) नाराच
(ग) क्षुर (घ) भल्ल

381. वज्र किस देवता का अस्त्र था?
(क) इंद्र (ख) वरुण
(ग) विष्णु (घ) वायु

382. महाभारत युद्ध में निम्नलिखित में से कौन सा अस्त्र प्रयोग नहीं किया गया?
(क) भिंदिपाल (ख) परिघ
(ग) तोमर (घ) पाशुपतास्त्र ☐

उत्तर के लिए कृपया पृष्ठ सं. 152 देखें।

8

महत्त्वपूर्ण स्थान

383. महाभारत का युद्ध कहाँ हुआ था?
(क) मथुरा (ख) हस्तिनापुर
(ग) मगध (घ) कुरुक्षेत्र

384. द्रौपदी कहाँ की राजकुमारी थी?
(क) चेदि (ख) मगध
(ग) गांधार (घ) पंचाल

385. पांडवों ने अज्ञातवास की अवधि कहाँ बिताई थी?
(क) पंचाल (ख) मत्स्य देश
(ग) मथुरा (घ) मगध

386. आचार्य परशुराम का आश्रम किस पर्वत पर था?
(क) महेंद्र (ख) विंध्याचल
(ग) कैलास (घ) रैवतक

387. लाक्षागृह का निर्माण कहाँ किया गया था?
(क) हस्तिनापुर में (ख) वारणावत में
(ग) एकचक्रा नगरी में (घ) उपप्लव्य में

388. पांडवों ने खांडव वन जलाकर वहाँ कौन सा नगर बसाया था?
(क) इंद्रप्रस्थ (ख) खांडवप्रस्थ
(ग) हस्तिनापुर (घ) द्वारका

उत्तर के लिए कृपया पृष्ठ सं. 152 व 153 देखें।

389. लाक्षागृह से बच निकलने के पश्चात् पांडव वेश बदलकर किस स्थान पर रह रहे थे?

(क) एकचक्रा नगरी में (ख) वारणावत में

(ग) मत्स्य देश में (घ) प्राग्ज्योतिषपुर में

390. श्रीकृष्ण ने नरकासुर का वध कहाँ जाकर किया था?

(क) प्राग्ज्योतिषपुर (ख) मगध

(ग) मथुरा (घ) हस्तिनापुर

391. दुर्योधन ने कर्ण को कहाँ का राज्य मित्रतास्वरूप भेंट कर दिया था?

(क) अंग देश (ख) मत्स्य देश

(ग) इंद्रप्रस्थ (घ) पंचाल

392. जरासंध कहाँ मारा गया था?

(क) हस्तिनापुर (ख) काम्यक वन

(ग) कुरुक्षेत्र की रणभूमि (घ) मगध

393. अंबा, अंबिका, अंबालिक—ये तीनों कहाँ की राजकुमारियाँ थीं?

(क) काशी (ख) मथुरा

(ग) गांधार (घ) हस्तिनापुर

394. बलंधरा कहाँ की राजकुमारी थी?

(क) चेदि (ख) मगध

(ग) काशी (घ) द्वारका

395. रैवतक पर्वत कहाँ पर स्थित था?

(क) प्राग्ज्योतिषपुर के निकट (ख) द्वारका के निकट

(ग) पंचाल के निकट (घ) मथुरा के निकट

396. भीमसेन ने किर्मीर राक्षस का वध कहाँ पर किया?

(क) काम्यक वन के निकट (ख) द्वैत वन में

(ग) कुरुक्षेत्र के मैदान में (घ) मथुरा में

397. चित्रांगदा कहाँ की राजकुमारी थी?

(क) पंचाल (ख) मणिपुर

(ग) मगध (घ) प्राग्ज्योतिषपुर

398. कौरवों की ओर से लड़नेवाला योद्धा भगदत्त किस देश का था?

उत्तर के लिए कृपया पृष्ठ सं. 153 देखें।

(क) प्राग्ज्योतिषपुर (ख) मद्र देश
(ग) मत्स्य देश (घ) गांधार

399. भीमसेन से हनुमानजी की भेंट किस स्थान पर हुई थी?
(क) काम्यक वन में (ख) कदली वन में
(ग) कुरुक्षेत्र में (घ) पंचाल जाते समय

400. पांडवों से मिलने संजय कहाँ गए थे?
(क) उपप्लव्य (ख) एकचक्रा
(ग) गंधमादन पर्वत (घ) वारणावत

401. ऋषि लोमश पांडवों से मिलने किस वन में गए थे?
(क) खांडव वन (ख) द्वैत वन
(ग) काम्यक वन (घ) कदली वन

402. अधिरथ व उसकी पत्नी राधा कहाँ रहते थे?
(क) चंपापुरी में (ख) महेंद्र पर्वत पर
(ग) हस्तिनापुर में (घ) इंद्रप्रस्थ में

403. गंधर्वराज अंगारपर्ण व अर्जुन का भीषण युद्ध किस स्थान पर हुआ था?
(क) काम्यक वन में (ख) सोमाश्रयायण तीर्थ में
(ग) कुरुक्षेत्र युद्धस्थल में (घ) हस्तिनापुर में

404. श्रीकृष्ण ने अर्जुन को अपना विराट् रूप कहाँ दिखलाया था?
(क) कुरुक्षेत्र युद्धस्थल में (ख) उपप्लव्य में
(ग) पंचाल में (घ) द्वारका में

405. अर्जुन ने द्रुपद को हराकर उनके देश का कौन सा क्षेत्र अपने गुरु द्रोण को गुरुदक्षिणा के रूप में भेंट किया था?
(क) उत्तरी पंचाल (ख) अहिच्छत्र
(ग) पूर्वी पंचाल (घ) पश्चिमी पंचाल

406. समंतपंचक किस स्थान को कहते थे?
(क) हस्तिनापुर (ख) कुरुक्षेत्र
(ग) इंद्रप्रस्थ (घ) वारणावत

407. वह कौन सा तीर्थस्थल था जहाँ स्नान करने से मनुष्य को एक सहस्त्र गोदान करने का पुण्य प्राप्त होता था?

उत्तर के लिए कृपया पृष्ठ सं. 153 देखें।

(क) समंतपंचक तीर्थ (ख) हरिद्वार
(ग) सर्वदेवतीर्थ (घ) प्रयाग

408. दुर्योधन द्वारा विष देकर गंगा में फेंक दिए जाने पर भीम किस स्थान पर जा पहुँचे थे ?
(क) नागलोक (ख) देवलोक
(ग) स्वर्गलोक (घ) पाताललोक

409. बृहंत, जिसने अर्जुन की दिग्विजय यात्रा में उससे घोर युद्ध किया था, कहाँ का राजा था ?
(क) प्राग्ज्योतिषपुर (ख) उलूक देश
(ग) आनर्त (घ) कुलिंद

410. मगध देश की राजधानी कहाँ थी ?
(क) क्रथकैशिक (ख) कुंडिन
(ग) उज्जैन (घ) गिरिव्रज

411. मद्र देश किन दो नदियों के बीच स्थित था ?
(क) रावी और व्यास (ख) गंगा और यमुना
(ग) शैलोदा और ब्रह्मपुत्र (घ) चर्मण्वती और सरस्वती

412. जनमेजय ने नागयज्ञ का आयोजन कहाँ पर किया था ?
(क) हस्तिनापुर (ख) तक्षशिला
(ग) पुरुषपुर (घ) अहिच्छत्र

413. अवंती की राजधानी कहाँ थी ?
(क) कुंडिन (ख) गिरिव्रज
(ग) उज्जैन (घ) कांपिल्य

414. कांपिल्य कहाँ की राजधानी थी ?
(क) विदर्भ (ख) पंचाल (दक्षिण)
(ग) मगध (घ) द्वारका

415. गांधार किस नदी के किनारे बसा हुआ था ?
(क) सिंधु (ख) मधुविला
(ग) अश्व (घ) शैलोदा

416. कुरुक्षेत्र से उत्तर-पूर्व में स्थित वह कौन सा स्थान था, जहाँ का राजा

उत्तर के लिए कृपया पृष्ठ सं. 153 देखें।

सेनाबिंदु था?

(क) ज्योतिष्मंत (ख) देवप्रस्थ

(ग) विदर्भ (घ) कंबोज

417. मुनि धौम्य का आश्रम कहाँ पर था?

(क) वारणावत में (ख) उपप्लव्य में

(ग) उत्कोचक तीर्थ में (घ) उशीरबीज पर्वत पर

418. क्रथकैशिक कहाँ की राजधानी थी?

(क) विदर्भ (ख) चेदि

(ग) मथुरा (घ) प्राग्ज्योतिषपुर

419. अर्जुन ने सुभद्रा का अपहरण किस स्थान से किया था?

(क) मथुरा (ख) रैवतक पर्वत

(ग) मत्स्य देश (घ) गुरु सांदीपनि के आश्रम

420. जरासंध ने (कर्ण से युद्ध में पराजित होकर) प्रसन्न होकर कर्ण को कौन सी नगरी दी थी?

(क) मालिनी नगरी (ख) चंपा नगरी

(ग) एकचक्रा नगरी (घ) उपप्लव्य

421. चेदि देश किस नदी के निकट स्थित था?

(क) सरस्वती (ख) चर्मण्वती

(ग) शुक्तिमती (घ) नर्मदा

422. हस्तिनापुर किस नदी के किनारे बसा हुआ था?

(क) यमुना (ख) गंगा

(ग) चर्मण्वती (घ) सरस्वती

423. पांडवों का जन्म किस पर्वत पर हुआ था?

(क) महेंद्र (ख) उशीरबीज

(ग) शतश्रृंग (घ) गंधमादन

424. जयद्रथ ने जब द्रौपदी का अपहरण किया था, उस समय पांडव किस वन में रह रहे थे?

(क) काम्यक (ख) द्वैत

(ग) नंदन (घ) सौगंधिक

उत्तर के लिए कृपया पृष्ठ सं. 153 देखें।

425. युद्ध के अंतिम दिन कौरव सेना के समाप्त हो जाने पर दुर्योधन कहाँ जा छिपा था?

(क) झाड़ियों में (ख) हाथियों के शव के पीछे

(ग) एक सरोवर में (घ) एक झोंपड़ी में

426. एकचक्रा नगरी में पांडव कहाँ रह रहे थे?

(क) एक ब्राह्मण के घर (ख) एक धोबी के घर

(ग) एक कुम्हार के घर (घ) एक वैश्य के घर

427. महाभारत युद्ध में अर्जुन द्वारा जयद्रथ का सिर काट दिए जाने पर धड़ तो युद्धभूमि में गिर पड़ा था, किंतु सिर कहाँ जाकर गिरा था?

(क) सिंधु नदी में

(ख) जयद्रथ के निवास में

(ग) तपस्यारत वृद्धक्षत्र की गोद में

(घ) दुःशला के कक्ष में

428. द्वैत वन, जहाँ पांडव वनवास काल में कुछ समय तक रहे थे, किस नदी के किनारे स्थित था?

(क) गंगा (ख) सरस्वती

(ग) चर्मण्वती (घ) यमुना

429. अर्जुन और सुभद्रा का विवाह कहाँ हुआ था?

(क) द्वारका (ख) हस्तिनापुर

(ग) मत्स्य (घ) पंचाल

430. अर्जुन और उलूपी का विवाह कहाँ हुआ था?

(क) मणिपुर (ख) द्वारका

(ग) मगध (घ) गंगाद्वार

431. राजा मरुत्त का पृथ्वी में दबा विशाल स्वर्ण भंडार, जिसे युधिष्ठिर अश्वमेध यज्ञ के पूर्व हस्तिनापुर लेकर आए थे, किस स्थान पर दबा था?

(क) काम्यक वन में (ख) हिमालय पर्वत पर

(ग) हस्तिनापुर के पास एक गाँव में (घ) गंगा नदी के किनारे

432. महाप्रस्थान यात्रा के समय द्रौपदी सहित अन्य चार पांडवों का प्राणांत किस स्थान पर हुआ था?

उत्तर के लिए कृपया पृष्ठ सं. 153 देखें।

(क) महेंद्र पर्वत (ख) गिरिवन
(ग) हिमालय पर्वत (घ) मणिपुर

433. आनर्तपुरी किसको कहते थे ?
(क) हस्तिनापुर (ख) प्राग्ज्योतिषपुर
(ग) अहिच्छत्र (घ) द्वारका

434. पूरुवंश का वह कौन राजा था, जिसने हस्तिनापुर नगर बसाया था ?
(क) अजमीढ़ (ख) हस्ती
(ग) भरत (घ) दुष्यंत

□

उत्तर के लिए कृपया पृष्ठ सं. 153 देखें।

9

संबंधों का सागर

माता

435. कंस की माता का नाम बताइए।

(क) पवनरेखा (ख) अस्ति

(ग) रोहिणी (घ) हेमा

436. अश्वत्थामा की माता का क्या नाम था?

(क) जानपदी (ख) कृपी

(ग) घृताची (घ) श्रुतश्रवा

437. कृपाचार्य की माता का क्या नाम था?

(क) सत्यवती (ख) रोहिणी

(ग) जानपदी (घ) कृपी

438. वेदव्यास की माता का क्या नाम था?

(क) सत्यवती (ख) गंगा

(ग) सुनंदा (घ) देवयानी

439. बलराम की माता का क्या नाम था?

(क) उलूपी (ख) रोहिणी

(ग) देवकी (घ) रेवती

440. द्रोणाचार्य की माता का क्या नाम था?

(क) घृताची (ख) जानपदी

उत्तर के लिए कृपया पृष्ठ सं. 153 देखें।

(ग) आत्रेयी (घ) सत्यवती

441. शिशुपाल की माता का क्या नाम था?

(क) माद्री (ख) श्रुतश्रवा

(ग) रोहिणी (घ) देविका

442. घटोत्कच की माता का क्या नाम था?

(क) बलंधरा (ख) हिडिंबा

(ग) उलूपी (घ) द्रौपदी

443. बर्बरीक की माता का क्या नाम था?

(क) हिडिंबा (ख) कामकंटकटा (मौर्वी)

(ग) जरा (घ) पूतना

444. इरावान् की माता का क्या नाम था?

(क) उलूपी (ख) चित्रांगदा

(ग) द्रौपदी (घ) सुभद्रा

445. बभ्रुवाहन की माता का क्या नाम था?

(क) सुभद्रा (ख) उलूपी

(ग) चित्रांगदा (घ) द्रौपदी

446. भीष्म पितामह की माता कौन थीं?

(क) सत्यवती (ख) अंबिका

(ग) गंगा (घ) माद्रवती

447. श्रीकृष्ण की माता का क्या नाम था?

(क) रोहिणी (ख) रेवती

(ग) पृथा (घ) देवकी

448. अर्जुन-भीम की माता का क्या नाम था?

(क) कुंती (ख) माद्री

(ग) श्रुतश्रवा (घ) गांधारी

449. नकुल-सहदेव की माता का क्या नाम था?

(क) अंबिका (ख) गांधारी

(ग) सत्यवती (घ) माद्री

450. दुर्योधन की माता का क्या नाम था?

उत्तर के लिए कृपया पृष्ठ सं. 153 देखें।

(क) चित्रांगदा (ख) गांधारी
(ग) माद्री (घ) अंबालिका

451. कर्ण की माता कौन थी?
(क) राधा (ख) रेवती
(ग) कुंती (घ) माद्री

452. धृतराष्ट्र की माता का क्या नाम था?
(क) अंबिका (ख) अंबा
(ग) अंबालिका (घ) सत्यवती

453. पांडु की माता का क्या नाम था?
(क) अंबा (ख) अंबिका
(ग) माद्रवती (घ) अंबालिका

454. विचित्रवीर्य की माता का क्या नाम था?
(क) अंबिका (ख) सत्यवती
(ग) गंगा (घ) देवकी

455. अभिमन्यु की माता का क्या नाम था?
(क) उलूपी (ख) बलंधरा
(ग) सुभद्रा (घ) द्रौपदी

456. महर्षि परशुराम की माता का क्या नाम था?
(क) रेणुका (ख) रेवती
(ग) गार्गी (घ) विद्योत्तमा

457. भरत की माता का क्या नाम था?
(क) सुनंदा (ख) गंगा
(ग) शकुंतला (घ) पृथा

458. शांतनु की माता का क्या नाम था?
(क) सुनंदा (ख) गंगा
(ग) सरस्वती (घ) कालिंदी

459. दुष्यंत की माता का क्या नाम था?
(क) कौशल्या (ख) रथंतरी
(ग) विजया (घ) ज्वाला

उत्तर के लिए कृपया पृष्ठ सं. 153 व 154 देखें।

460. परीक्षित् की माता का क्या नाम था?
(क) उलूपी (ख) उत्तरा
(ग) सुनंदा (घ) यशोधरा

461. जनमेजय की माता का क्या नाम था?
(क) माद्रवती (ख) देविका
(ग) पृथा (घ) सुष्यशा

462. दु:शला की माता कौन थी?
(क) गांधारी (ख) शकुंतला
(ग) श्रुतश्रवा (घ) कुंती

463. शकुंतला की माता का क्या नाम था?
(क) उर्वशी (ख) मेनका
(ग) घृताची (घ) जानपदी

464. सत्यवती (शांतनु-पत्नी) की माता कौन थी?
(क) घृताची (ख) उर्वशी
(ग) अद्रिका (घ) जानपदी

पिता

465. एकलव्य के पिता का क्या नाम था?
(क) चित्रकेतु (ख) हिरण्यधनु
(ग) हिरण्यवर्म (घ) अधिरथ

466. कुंती के पिता का क्या नाम था?
(क) शूरसेन (ख) उग्रसेन
(ग) जयत्सेन (घ) भीष्मक

467. अंबा, अंबिका, अंबालिका के पिता कौन थे?
(क) भीष्मक (ख) बृहद्बल
(ग) इंद्रद्युम्न (घ) सुबल

468. कृपाचार्य के पिता कौन थे?
(क) शरद्वान् (ख) भरद्वाज
(ग) वेदव्यास (घ) धौम्य

उत्तर के लिए कृपया पृष्ठ सं. 154 देखें।

469. जयद्रथ के पिता का क्या नाम था ?

(क) दमघोष (ख) जयदत्त

(ग) वृद्धक्षत्र (घ) सोमदत्त

470. जरासंध के पिता का क्या नाम था ?

(क) बृहद्रथ (ख) वृद्धक्षत्र

(ग) भगदत्त (घ) सोमदत्त

471. घटोत्कच के पिता कौन थे ?

(क) बाह्लीक (ख) अर्जुन

(ग) धृतराष्ट्र (घ) भीमसेन

472. द्रुपद के पिता का क्या नाम था ?

(क) शरद्वान् (ख) अग्निवेश्य

(ग) पृषत (घ) बृहद्रथ

473. द्रोणाचार्य के पिता कौन थे ?

(क) शरद्वान् (ख) भरद्वाज

(ग) परशुराम (घ) अग्निवेश्य

474. भूरिश्रवा का पिता कौन था ?

(क) सत्यक (ख) सोमदत्त

(ग) कृतवर्मा (घ) बाह्लीक

475. विदुर के पिता कौन थे ?

(क) शांतनु (ख) वेदव्यास

(ग) भीष्म (घ) भुमन्यु

476. वेदव्यास के पिता कौन थे ?

(क) भरद्वाज (ख) पराशर

(ग) अत्रि (घ) याज्ञवल्क्य

477. अभिमन्यु के पिता का क्या नाम था ?

(क) भीमसेन (ख) अर्जुन

(ग) बलराम (घ) युधिष्ठिर

478. अर्जुन के पिता इनमें कौन थे ?

(क) इंद्र (ख) सूर्य

उत्तर के लिए कृपया पृष्ठ सं. 154 देखें।

(ग) वायु (घ) धर्म

479. अश्वत्थामा के पिता का नाम बताइए।

(क) कृप (ख) द्रोण

(ग) कश्यप (घ) वेदव्यास

480. इरावान् के पिता का क्या नाम था?

(क) भीम (ख) अर्जुन

(ग) जयद्रथ (घ) विराट

481. अश्वसेन (नाग) के पिता का क्या नाम था?

(क) वासुकि (ख) कालिय

(ग) कौरव्य (घ) तक्षक

482. उत्तर कुमार का पिता कौन था?

(क) विराट (ख) द्रुपद

(ग) सुशर्मा (घ) बाह्लीक

483. उलूपी के पिता का क्या नाम था?

(क) कौरव्य (ख) शूरसेन

(ग) चित्रवाहन (घ) दमघोष

484. कर्ण के पिता कौन थे?

(क) पांडु (ख) सूर्य

(ग) इंद्र (घ) वसुदेव

485. कुरु के पिता कौन थे?

(क) ययाति (ख) भरत

(ग) संवरण (घ) भुमन्यु

486. कृष्ण के पिता कौन थे?

(क) वेदव्यास (ख) वसुदेव

(ग) उग्रसेन (घ) नंद

487. गांधारी के पिता का क्या नाम था?

(क) शल्य (ख) सुबल

(ग) शूरसेन (घ) पृषत

488. चित्रसेन गंधर्व के पिता का क्या नाम था?

उत्तर के लिए कृपया पृष्ठ सं. 154 देखें।

(क) विश्वावसु (ख) हिरण्यधनु

(ग) अंगारपर्ण (घ) चित्ररथ

489. चित्रांगदा (अर्जुन-पत्नी) के पिता का क्या नाम था?

(क) रैवत (ख) भीष्मक

(ग) चित्रवाहन (घ) बभ्रुवाहन

490. जनमेजय के पिता का क्या नाम था?

(क) अभिमन्यु (ख) परीक्षित्

(ग) शांतनु (घ) अर्जुन

491. दुर्योधन का पिता कौन था?

(क) भीष्म (ख) विचित्रवीर्य

(ग) वेदव्यास (घ) धृतराष्ट्र

492. देविका (युधिष्ठिर-पत्नी) के पिता का क्या नाम था?

(क) पृषत (ख) रैवत

(ग) भीष्मक (घ) गोवासन

493. करेणुमती (नकुल-पत्नी) के पिता का क्या नाम था?

(क) शिशुपाल (ख) जरासंध

(ग) भीष्मक (घ) द्रुपद

494. द्रौपदी के पिता कौन थे?

(क) याज (ख) उपयाज

(ग) द्रुपद (घ) वसुदेव

495. धृतराष्ट्र के पिता कौन थे?

(क) शांतनु (ख) भीष्म

(ग) कुरु (घ) वेदव्यास

496. धृष्टद्युम्न के पिता का क्या नाम था?

(क) द्रुपद (ख) अग्निवेश्य

(ग) पृषत (घ) याज

497. नकुल के पिता इनमें से कौन थे?

(क) वेदव्यास (ख) विदुर

(ग) नासत्य (अश्विनीकुमार) (घ) दस्त्र (अश्विनीकुमार)

उत्तर के लिए कृपया पृष्ठ सं. 154 देखें।

498. सहदेव (पांडव) के पिता इनमें कौन थे?
(क) धर्म (ख) वेदव्यास
(ग) दस्र (अश्विनीकुमार) (घ) सूर्य

499. महर्षि परशुराम के पिता का क्या नाम था?
(क) इंद्र (ख) जमदग्नि
(ग) याज्ञवल्क्य (घ) अग्निवेश्य

500. परीक्षित् के पिता का क्या नाम था?
(क) श्रीकृष्ण (ख) अर्जुन
(ग) जनमेजय (घ) अभिमन्यु

501. पांडु के पिता कौन थे?
(क) भीष्म (ख) वेदव्यास
(ग) भरत (घ) शांतनु

502. पूरु के पिता का क्या नाम था?
(क) युवनाश्व (ख) विश्वावसु
(ग) ययाति (घ) गाधि

503. बभ्रुवाहन के पिता का क्या नाम था?
(क) अर्जुन (ख) चित्रवाहन
(ग) भीमसेन (घ) दुर्योधन

504. बर्बरीक का पिता कौन था?
(क) भीमसेन (ख) घटोत्कच
(ग) अलंबुष (घ) इंद्र

505. भगदत्त के पिता का क्या नाम था?
(क) जरासंध (ख) नरकासुर
(ग) बाह्लीक (घ) भरत

506. भरत के पिता का क्या नाम था?
(क) विश्वामित्र (ख) कण्व ऋषि
(ग) दुष्यंत (घ) कुरु

507. भीम के पिता इनमें से कौन थे?
(क) वायुदेव (ख) इंद्र

उत्तर के लिए कृपया पृष्ठ सं. 154 देखें।

(ग) सूर्य (घ) अश्विनीकुमार

508. भीष्म (पितामह) के पिता का क्या नाम था?

(क) शांतनु (ख) वेदव्यास

(ग) भरत (घ) प्रतीप

509. युधिष्ठिर के पिता इनमें से कौन थे?

(क) इंद्र (ख) सूर्य

(ग) धर्म (घ) कुबेर

510. युयुत्सु का पिता कौन था?

(क) धृतराष्ट्र (ख) विदुर

(ग) वेदव्यास (घ) विचित्रवीर्य

511. रुक्मि के पिता का क्या नाम था?

(क) दमघोष (ख) सत्यजित्

(ग) भीष्मक (घ) सत्यक

512. लक्ष्मण (कौरव) के पिता का क्या नाम था?

(क) दुर्योधन (ख) कृपाचार्य

(ग) कर्ण (घ) जयद्रथ

513. विकर्ण का पिता कौन था?

(क) धृतराष्ट्र (ख) भीष्मक

(ग) पांडु (घ) विदुर

514. विचित्रवीर्य के पिता का क्या नाम था?

(क) शांतनु (ख) भरत

(ग) वेदव्यास (घ) प्रतीप

515. शकुंतला के पिता कौन थे?

(क) विश्वामित्र (ख) कण्व

(ग) पूरु (घ) ययाति

516. शकुनि के पिता का क्या नाम था?

(क) बाह्लीक (ख) प्रतीप

(ग) सुबल (घ) बृहद्बल

517. शांतनु के पिता का क्या नाम था?

उत्तर के लिए कृपया पृष्ठ सं. 154 देखें।

(क) देवापि (ख) प्रतीप
(ग) बाह्लीक (घ) भरत

518. शिशुपाल के पिता का क्या नाम था?
(क) विराट (ख) भीष्मक
(ग) दमघोष (घ) भगदत्त

519. शिखंडी का पिता कौन था?
(क) पृषत (ख) द्रुपद
(ग) विश्वावसु (घ) स्थूणाकर्ण

520. सत्यभामा (कृष्ण-पत्नी) का पिता कौन था?
(क) युयुधान (ख) सत्यक
(ग) सत्राजित् (घ) कृतवर्मा

521. सात्यकि के पिता का क्या नाम था?
(क) बृहद्बल (ख) सत्यक
(ग) अक्रूर (घ) सत्यजित्

522. सुभद्रा के पिता का क्या नाम था?
(क) वसुदेव (ख) देवक
(ग) अंधक (घ) यदु

523. अलंबुष (राक्षस) का पिता कौन था?
(क) अघासुर (ख) जटासुर
(ग) बकासुर (घ) मयासुर

524. सहदेव-पत्नी विजया के पिता का क्या नाम था?
(क) वसुदेव (ख) शैव्य
(ग) हिरण्यवर्म (घ) द्युतिमान्

525. बाह्लीक के पिता का क्या नाम था?
(क) शांतनु (ख) प्रतीप
(ग) देवापि (घ) इंद्रद्युम्न

526. सोमदत्त का पिता कौन था?
(क) वज्रदत्त (ख) भगदत्त
(ग) बाह्लीक (घ) प्रतीप

उत्तर के लिए कृपया पृष्ठ सं. 154 व 155 देखें।

527. कौरव योद्धा भूरि तथा शल का पिता कौन था?

(क) भूरिश्रवा (ख) सोमदत्त

(ग) बाह्लीक (घ) देवापि

528. सत्यवती (शांतनु-पत्नी) का पिता कौन था?

(क) पराशर (ख) हिरण्यधनु

(ग) शरद्वान् (घ) राजा उपरिचर

529. कृतवर्मा के पिता का क्या नाम था?

(क) हृदीक (ख) बाह्लीक

(ग) शरद्वान् (घ) भीष्मक

पत्नी

530. अर्जुन की उस पत्नी का क्या नाम था, जिसका उन्होंने हरण किया था?

(क) द्रौपदी (ख) उलूपी

(ग) सुभद्रा (घ) चित्रांगदा

531. अर्जुन की उस पत्नी का क्या नाम था, जो उन्हें स्वयंवर में प्राप्त हुई थी?

(क) सुभद्रा (ख) द्रौपदी

(ग) चित्रांगदा (घ) उलूपी

532. अर्जुन की उस पत्नी का क्या नाम था, जो मणिपुर की राजकुमारी थी?

(क) चित्रांगदा (ख) उलूपी

(ग) सुभद्रा (घ) द्रौपदी

533. अर्जुन की उस पत्नी का क्या नाम था, जो नागकन्या थी?

(क) चित्रांगदा (ख) उलूपी

(ग) द्रौपदी (घ) सुभद्रा

534. कृष्ण की उस पत्नी का क्या नाम था, जो विदर्भ की राजकुमारी थी?

(क) रुक्मिणी (ख) सत्यभामा

(ग) जांबवती (घ) भद्रा

535. घटोत्कच की पत्नी का क्या नाम था?

(क) भानुमती (ख) कामकंटकटा

(ग) देविका (घ) कुंभीनसी

उत्तर के लिए कृपया पृष्ठ सं. 155 देखें।

536. दुर्योधन की पत्नी इनमें से कौन थी ?
(क) बलंधरा (ख) भानुमती
(ग) द्रौपदी (घ) देविका

537. द्रोणाचार्य की पत्नी का क्या नाम था ?
(क) हेमा (ख) पृथा
(ग) वपुष्टमा (घ) कृपी

538. नकुल की उस पत्नी का क्या नाम था, जो चेदि-नरेश की पुत्री थी ?
(क) करेणुमती (ख) उलूपी
(ग) भद्रा (घ) रेणुका

539. भीम की उस पत्नी का क्या नाम था, जो पंचाल की राजकुमारी थी ?
(क) बलंधरा (ख) द्रौपदी
(ग) हिडिंबा (घ) काली

540. भीम की उस पत्नी का क्या नाम था, जो राक्षसी थी ?
(क) काली (ख) बलंधरा
(ग) हिडिंबा (घ) द्रौपदी

541. भीम की उस पत्नी का क्या नाम था, जिसे वह स्वयंवर में जीतकर लाए थे ?
(क) बलंधरा (ख) काली
(ग) द्रौपदी (घ) हिडिंबा

542. युधिष्ठिर की उस पत्नी का क्या नाम था, जिसे उन्होंने स्वयंवर में प्राप्त किया था ?
(क) विजया (ख) सुभद्रा
(ग) भानुमती (घ) देविका

543. बलराम की पत्नी का क्या नाम था ?
(क) रेणुका (ख) रेवती
(ग) नाग्नजिती (घ) कादंबिनी

544. अभिमन्यु की पत्नी का क्या नाम था ?
(क) सुनंदा (ख) उत्तरा
(ग) सुदेष्णा (घ) विजया

उत्तर के लिए कृपया पृष्ठ सं. 155 देखें।

545. अधिरथ (सूत) की पत्नी का क्या नाम था?
(क) राधा (ख) सुलक्षणा
(ग) सुभद्रा (घ) कुमारी

546. इंद्र की पत्नी का क्या नाम था?
(क) पुलोमा (ख) अदिति
(ग) उर्वशी (घ) शची

547. चित्ररथ गंधर्व की पत्नी का क्या नाम था?
(क) पुलोमा (ख) यवनसा
(ग) कुंभीनसी (घ) हिडिंबा

548. जनमेजय की पत्नी का क्या नाम था?
(क) माद्रवती (ख) करेणुमती
(ग) वपुष्टमा (घ) सुनंदा

549. जमदग्नि ऋषि की पत्नी का क्या नाम था?
(क) अरुंधती (ख) रोहिणी
(ग) गार्गी (घ) रेणुका

550. जयद्रथ की उस पत्नी का क्या नाम था, जो हस्तिनापुर की राजकुमारी थी?
(क) दुःशला (ख) शुभा
(ग) सुलक्षणा (घ) शकुंतला

551. दुष्यंत की पत्नी इनमें कौन थी?
(क) उत्तरा (ख) सुभद्रा
(ग) शकुंतला (घ) सुनंदा

552. धृतराष्ट्र की उस पत्नी का क्या नाम था, जो दुर्योधन की माता थी?
(क) माद्री (ख) गांधारी
(ग) सुखदा (घ) रेवती

553. परीक्षित् की पत्नी का क्या नाम था?
(क) भानुमती (ख) माद्रवती
(ग) सत्यवती (घ) राधिका

554. पांडु की उस पत्नी का क्या नाम था, जिसने उन्हें स्वयंवर में स्वयं वरण किया था?

उत्तर के लिए कृपया पृष्ठ सं. 155 देखें।

(क) शुभा | (ख) माद्री
(ग) सुनंदा | (घ) कुंती

555. पांडु की उस पत्नी का क्या नाम था, जो मद्रराज शल्य की बहन थी?
(क) कुंती | (ख) सुनंदा
(ग) माद्री | (घ) शुभा

556. भरत की उस पत्नी का क्या नाम था, जो काशिराज सर्वसेन की पुत्री थी?
(क) सुनंदा | (ख) सत्यवती
(ग) जानपदी | (घ) श्रुतश्रवा

557. वसिष्ठ ऋषि की पत्नी का क्या नाम था?
(क) अनसूया | (ख) मैत्रेयी
(ग) गार्गी | (घ) अरुंधती

558. वसुदेव की उस पत्नी का क्या नाम था, जो बलराम की माता थीं?
(क) रोहिणी | (ख) रेणुका
(ग) रेवती | (घ) देवकी

559. विचित्रवीर्य की उस पत्नी का क्या नाम था, जो काशिराज की सबसे छोटी पुत्री थी?
(क) अंबिका | (ख) माद्रवती
(ग) अंबालिका | (घ) अंबा

560. विराट की पत्नी का क्या नाम था?
(क) रुक्मिणी | (ख) सुदेष्णा
(ग) सैरंध्री | (घ) सुलक्षणा

561. शांतनु की उस पत्नी का क्या नाम था, जिसका पालन-पोषण एक निषाद ने किया था?
(क) सुनंदा | (ख) वपुष्टमा
(ग) सत्यवती | (घ) गंगा

562. संवरण की उस पत्नी का क्या नाम था, जो सूर्य की पुत्री थी?
(क) तपती | (ख) यमा
(ग) याज्ञसेनी | (घ) सुहासिनी

563. सहदेव की पत्नी इनमें से कौन थी?

उत्तर के लिए कृपया पृष्ठ सं. 155 देखें।

(क) विजया (ख) करेणुमती

(ग) उलूपी (घ) देविका

564. अस्ति और प्राप्ति किसकी पत्नियाँ थीं ?

(क) जरासंध (ख) कंस

(ग) शिशुपाल (घ) उग्रसेन

पुत्र-पुत्री

565. कर्ण का पुत्र इनमें से कौन था ?

(क) लक्ष्मण (ख) युयुधान

(ग) युधामन्यु (घ) वृषसेन

566. श्रीकृष्ण के उस पुत्र का क्या नाम था, जो दुर्योधन का जामाता था ?

(क) सांब (ख) प्रद्युम्न

(ग) चारुचंद्र (घ) सुदेष्ण

567. दुर्योधन का पुत्र इनमें से कौन था ?

(क) विविंशति (ख) लक्ष्मण

(ग) दीर्घ (घ) अयुष

568. वेदव्यास का पुत्र इनमें से कौन था ?

(क) वैशंपायन (ख) जय

(ग) शुकदेव (घ) शमीक

569. अभिमन्यु के पुत्र का क्या नाम था ?

(क) जनमेजय (ख) परीक्षित्

(ग) सुहोत्र (घ) अग्निमित्र

570. अर्जुन के उस पुत्र का क्या नाम था, जो उलूपी से उत्पन्न हुआ था ?

(क) बभ्रुवाहन (ख) अभिमन्यु

(ग) इरावान् (घ) श्रुतकीर्ति

571. अर्जुन का वह कौन सा पुत्र था, जो द्रौपदी से जनमा था ?

(क) अभिमन्यु (ख) श्रुतकीर्ति

(ग) बभ्रुवाहन (घ) इरावान्

572. जयद्रथ के उस पुत्र का क्या नाम था, जो मारे भय के ही मर गया था ?

उत्तर के लिए कृपया पृष्ठ सं. 155 देखें।

(क) सुरथ (ख) जयंत
(ग) बृहद्रथ (घ) वृषण

573. जरासंध के ज्येष्ठ पुत्र का क्या नाम था?
(क) मेघसंधि (ख) सुहोत्र
(ग) सहदेव (घ) जयंत

574. दुर्योधन की पुत्री इनमें से कौन थी?
(क) दु:शला (ख) सुभद्रा
(ग) लक्ष्मणा (घ) सुभदा

575. द्रोणाचार्य का पुत्र इनमें कौन था?
(क) पौरुष (ख) अश्वत्थामा
(ग) यौधेय (घ) श्वेत

576. धृतराष्ट्र की पुत्री का क्या नाम था?
(क) सुनंदा (ख) शुभा
(ग) दु:शला (घ) लक्ष्मणा

577. नकुल के उस पुत्र का क्या नाम था, जो द्रौपदी से उत्पन्न हुआ था?
(क) सुतसोम (ख) श्रुतकीर्ति
(ग) निरमित्र (घ) शतानीक

578. नकुल के उस पुत्र का क्या नाम था, जो करेणुमती से उत्पन्न हुआ था?
(क) श्रुतकर्मा (ख) शतानीक
(ग) निरमित्र (घ) श्रुतकीर्ति

579. भीम के उस पुत्र का क्या नाम था, जो बलंधरा से जनमा था?
(क) सर्वग (ख) सुतसोम
(ग) घटोत्कच (घ) युधामन्यु

580. द्रौपदी से उत्पन्न भीम का पुत्र कौन था?
(क) सुतसोम (ख) युधामन्यु
(ग) अग्निवर्ण (घ) घटोत्कच

581. युधिष्ठिर का वह कौन सा पुत्र था, जो देविका से जनमा था?
(क) यौधेय (ख) प्रतिविंध्य
(ग) शतानीक (घ) युधामन्यु

उत्तर के लिए कृपया पृष्ठ सं. 155 देखें।

582. युधिष्ठिर के उस पुत्र का क्या नाम था, जो द्रौपदी से उत्पन्न हुआ था?

(क) शतानीक (ख) यौधेय

(ग) प्रतिविंध्य (घ) अग्निवर्ण

583. शिशुपाल के पुत्र का क्या नाम था?

(क) सहपाल (ख) धृष्टकेतु

(ग) मेघसंधि (घ) रुक्मि

584. सहदेव के उस पुत्र का क्या नाम था, जो द्रौपदी के गर्भ से जनमा था?

(क) प्रतिविंध्य (ख) शतानीक

(ग) श्रुतकर्मा (घ) सुहोत्र

585. सहदेव के उस पुत्र का क्या नाम था, जो विजया के गर्भ से जनमा था?

(क) सुधन्वा (ख) सुहोत्र

(ग) वीरकर्मा (घ) श्रुतकर्मा

586. अंजनपर्वा किसका पुत्र था?

(क) अर्जुन (ख) दुर्योधन

(ग) घटोत्कच (घ) कृपाचार्य

587. ययाति का पुत्र इनमें से कौन था?

(क) जय (ख) यदु

(ग) भरत (घ) शतानीक

588. भगदत्त के उस पुत्र का क्या नाम था, जिसने पांडवों के अश्वमेध यज्ञ का घोड़ा पकड़ लिया था?

(क) अग्निदत्त (ख) वज्रदत्त

(ग) धर्मदत्त (घ) ब्रह्मदत्त

589. शमीक ऋषि का पुत्र इनमें कौन था?

(क) श्रृंगी (ख) सुकेतु

(ग) सत्य (घ) अनघ

590. इनमें से चंद्रमा का पुत्र कौन था?

(क) सोम (ख) वर्चा

(ग) देवक (घ) वसोह

591. यदु, तुर्वसु, द्रह्यु, अनु और पूरु—ये किसके पुत्र हैं?

उत्तर के लिए कृपया पृष्ठ सं. 155 देखें।

(क) अष्टक (ख) इंद्र
(ग) वसुमान् (घ) ययाति

मामा

592. अभिमन्यु के मामा कौन थे?
(क) कुंतिभोज (ख) यदु
(ग) श्रीकृष्ण (घ) शिशुपाल

593. अश्वत्थामा के मामा कौन थे?
(क) कृपाचार्य (ख) शरद्वान्
(ग) सुबल (घ) अग्निवेश्य

594. श्रीकृष्ण के मामा का नाम बताइए।
(क) देवक (ख) उग्रसेन
(ग) कंस (घ) अक्रूर

595. घटोत्कच के मामा का क्या नाम था?
(क) किर्मीर (ख) हिडिंब
(ग) चित्ररथ (घ) कीचक

596. दुर्योधन का मामा कौन था?
(क) सुबल (ख) शल्य
(ग) कंस (घ) शकुनि

597. नकुल-सहदेव के मामा कौन थे?
(क) शल्य (ख) शूरसेन
(ग) सुशर्मा (घ) आर्यक

598. नकुल-पुत्र निरमित्र के मामा का क्या नाम था?
(क) धृष्टकेतु (ख) मेघसंधि
(ग) बलराम (घ) सुशर्मा

599. परीक्षित् के मामा का क्या नाम था?
(क) विराट (ख) उत्तर कुमार
(ग) धृष्टद्युम्न (घ) मेघसंधि

600. प्रतिविंध्य-सुतसोम का मामा कौन था?

उत्तर के लिए कृपया पृष्ठ सं. 155 व 156 देखें।

(क) धृष्टद्युम्न (ख) विराट

(ग) शल्य (घ) बलराम

601. भीम-अर्जुन के मामा कौन थे?

(क) दमघोष (ख) वसुदेव

(ग) कुंतिभोज (घ) भीष्मक

602. शिशुपाल के मामा कौन थे?

(क) भीष्मक (ख) भूरिश्रवा

(ग) वसुदेव (घ) धृतराष्ट्र

603. सर्वग (भीम-पुत्र) का मामा कौन था?

(क) शल्य (ख) सुशर्मा

(ग) शाल्व (घ) शैव्य

604. वासुकि (नाग) किसका मामा था?

(क) आस्तीक (ख) स्थूणाकर्ण

(ग) तक्षक (घ) अश्वसेन

□

उत्तर के लिए कृपया पृष्ठ सं. 156 देखें।

10

काल के गाल में

605. धृतराष्ट्र, गांधारी व कुंती की मृत्यु कैसे हुई थी?
(क) बड़वाग्नि में जलकर (ख) दावाग्नि में जलकर
(ग) आवाहनीयाग्नि में जलकर (घ) जठराग्नि में जलकर

606. द्रौपदी के पाँचों पुत्रों की हत्या किसने की थी?
(क) दुर्योधन (ख) शल्य
(ग) कृतवर्मा (घ) अश्वत्थामा

607. अर्जुन इनमें से किसके हाथों एक बार मृत्यु को प्राप्त हुए थे?
(क) इरावान् (ख) बर्बरीक
(ग) अंजनपर्वा (घ) बभ्रुवाहन

608. कर्ण-पुत्र चित्रसेन, सत्यसेन व सुषेण का वध किसने किया था?
(क) सात्यकि (ख) शिखंडी
(ग) शल्य (घ) नकुल

609. पांडवों को जलाकर मार डालने के उद्देश्य से कौरवों द्वारा बनवाए गए लाक्षागृह में पाँचों पांडवों और उनकी माता कुंती के स्थान पर कौन जलकर भस्म हो गए थे?
(क) अनेक यात्री, जो उसी भवन में ठहरे थे।
(ख) एक भीलनी और उसके पाँच पुत्र
(ग) विदुर द्वारा भेजा गया मजदूर और उसका परिवार

उत्तर के लिए कृपया पृष्ठ सं. 156 देखें।

(घ) कोई नहीं

610. कर्ण के छोटे भाई सुदृढ़ को किसने मारा था?

(क) अभिमन्यु (ख) नकुल

(ग) इरावान् (घ) सोमसुत

611. अभिमन्यु किसके हाथों मारा गया था?

(क) कर्ण (ख) जयद्रथ

(ग) दुर्योधन (घ) छह महारथियों

612. भीमसेन ने किस राक्षस का वध कर उसकी बहन से विवाह किया था?

(क) बकासुर (ख) नरकासुर

(ग) हिडिंबा (घ) अलंबुष

613. मगधराज जरासंध को भीमसेन ने कौन सा युद्ध करते हुए मृत्यु की गोद में सुलाया था?

(क) गदा युद्ध (ख) भाला युद्ध

(ग) बाण युद्ध (घ) मल्ल युद्ध

614. आचार्य द्रोण किसके हाथों मारे गए थे?

(क) अर्जुन (ख) धृष्टद्युम्न

(ग) भीम (घ) अभिमन्यु

615. दु:शासन का वध किसने किया था?

(क) भीमसेन (ख) अर्जुन

(ग) युधिष्ठिर (घ) सहदेव

616. कर्ण का वध किसके द्वारा हुआ था?

(क) युधिष्ठिर (ख) अभिमन्यु

(ग) भीम (घ) अर्जुन

617. पितामह भीष्म किसके हाथों शय्याशायी हुए थे?

(क) अर्जुन (ख) श्रीकृष्ण

(ग) नकुल (घ) शिखंडी

618. द्रुपदपुत्र धृष्टद्युम्न की हत्या किसने की थी?

(क) कर्ण (ख) दुर्योधन

(ग) शकुनि (घ) अश्वत्थामा

उत्तर के लिए कृपया पृष्ठ सं. 156 देखें।

619. कौरव सेनापति शल्य को किसने मारा था?

(क) युधिष्ठिर (ख) सहदेव

(ग) अर्जुन (घ) द्रुपद

620. घटोत्कच को किसने मारा था?

(क) कर्ण (ख) दुर्योधन

(ग) शकुनि (घ) कृपाचार्य

621. कौरव योद्धा भगदत्त को किसने यमलोक पहुँचाया था?

(क) सात्यकि (ख) अर्जुन

(ग) नकुल (घ) धृष्टद्युम्न

622. द्रुपद किसके हाथों मारे गए थे?

(क) शकुनि (ख) द्रोणाचार्य

(ग) दुर्योधन (घ) कृपाचार्य

623. शकुनि का काम तमाम किसने किया था?

(क) सहदेव (ख) नकुल

(ग) सात्यकि (घ) अर्जुन

624. शकुनि-पुत्र उलूक का वधक कौन था?

(क) सहदेव (ख) युधिष्ठिर

(ग) अर्जुन (घ) नकुल

625. अर्जुन-पुत्र इरावान् किसके हाथों मारा गया था?

(क) अलंबुष (ख) अश्वत्थामा

(ग) दुर्योधन (घ) कृतवर्मा

626. दुर्योधन-पुत्र लक्ष्मण का वध किसने किया था?

(क) श्रुतायुध (ख) अभिमन्यु

(ग) सात्यकि (घ) अर्जुन

627. कृपाचार्य किसके हाथों मारे गए थे?

(क) अर्जुन (ख) धृष्टद्युम्न

(ग) विराट (घ) किसी के नहीं

628. युधिष्ठिर के राजसूय यज्ञ में श्रीकृष्ण ने किसका वध किया था?

(क) जरासंध (ख) शिशुपाल

उत्तर के लिए कृपया पृष्ठ सं. 156 देखें।

(ग) शाल्व (घ) कंस

629. अश्वत्थामा नामक हाथी का वध किसने किया था?

(क) धृष्टद्युम्न (ख) भीमसेन

(ग) सात्यकि (घ) श्रुतायुध

630. बकासुर राक्षस का वध किस पांडव ने किया था?

(क) अर्जुन (ख) युधिष्ठिर

(ग) भीमसेन (घ) नकुल

631. मत्स्य देश (विराट) के सेनापति कीचक का वध किसने किया था?

(क) कर्ण (ख) भीमसेन

(ग) गंधर्वों (घ) अर्जुन

632. किर्मीर राक्षस को किसने मारा था?

(क) कर्ण (ख) श्रीकृष्ण

(ग) बलराम (घ) भीमसेन

633. महाभारत युद्ध में त्रिगर्तों का संहार किसने किया था?

(क) अभिमन्यु (ख) अर्जुन

(ग) भीमसेन (घ) सात्यकि

634. कौरव सेना के योद्धा अलायुध का वध किसके हाथों हुआ था?

(क) भीमसेन (ख) घटोत्कच

(ग) धृष्टकेतु (घ) सहदेव

635. अलंबुष (द्वितीय) को किसने मारा था?

(क) घटोत्कच (ख) अर्जुन

(ग) युधिष्ठिर (घ) सात्यकि

636. कौरव योद्धा भूरिश्रवा किसके हाथों मारा गया?

(क) अर्जुन (ख) सात्यकि

(ग) भीमसेन (घ) धृष्टद्युम्न

637. जयद्रथ का सिर किसने काटा था?

(क) श्रीकृष्ण (ख) अर्जुन

(ग) भीमसेन (घ) द्रुपद

638. महाभारत युद्ध में संशप्तकों का नाश किसने किया था?

उत्तर के लिए कृपया पृष्ठ सं. 156 देखें।

(क) अर्जुन (ख) भीमसेन
(ग) सत्यकेतु (घ) धृष्टद्युम्न

639. निवातकवच दैत्यों का संहार किसने किया?
(क) श्रीकृष्ण (ख) भीमसेन
(ग) अभिमन्यु (घ) अर्जुन

640. कुलूत देश के यशस्वी राजा क्षेमधूर्ति का वध किसने किया था?
(क) अर्जुन (ख) धृष्टद्युम्न
(ग) उत्तमौजा (घ) भीमसेन

641. केकय वीर विंद व अनुविंद किसके हाथों मारे गए थे?
(क) सात्यकि (ख) युधामन्यु
(ग) चेकितान (घ) उत्तर

642. अवंति देश के राजकुमारों विंद और अनुविंद का वध किसने किया था?
(क) अर्जुन (ख) नकुल
(ग) धृष्टकेतु (घ) द्रुपद

643. महाभारत युद्ध में अभिसार-नरेश चित्रसेन का मस्तक किस पांडव-पुत्र ने काटा था?
(क) अभिमन्यु (ख) श्रुतकर्मा
(ग) इरावान् (घ) प्रतिविंध्य

644. युधिष्ठिर-पुत्र प्रतिविंध्य ने इनमें से किसका वध किया था?
(क) अनुविंद (ख) अलायुध
(ग) चित्र (घ) कृतवर्मा

645. कृतवर्मा किसके हाथों मारा गया था?
(क) श्रीकृष्ण (ख) अनिरुद्ध
(ग) सात्यकि (घ) चेकितान

646. चेकितान को मौत के घाट किसने उतारा था?
(क) दुर्योधन (ख) कर्ण
(ग) भूरिश्रवा (घ) भगदत्त

647. अश्वसेन नाग को किसने मारा था?
(क) श्रीकृष्ण (ख) अर्जुन

उत्तर के लिए कृपया पृष्ठ सं. 156 देखें।

(ग) कर्ण (घ) सात्यकि

648. द्रुमसेन का वध किसने किया था?
(क) युधिष्ठिर (ख) अर्जुन
(ग) भीमसेन (घ) धृष्टद्युम्न

649. सौवीर-नरेश विपुल किस पांडव के हाथों मृत्यु को प्राप्त हुआ था?
(क) अर्जुन (ख) युधिष्ठिर
(ग) सहदेव (घ) भीमसेन

650. हस्तिनापुर-नरेश चित्रांगद किसके हाथों मारे गए थे?
(क) भीष्म (ख) गंधर्वराज चित्रांगद
(ग) शाल्व (घ) अंबा

651. सुबल-पुत्र कालिकेय को किसने मारा था?
(क) नकुल (ख) धृष्टद्युम्न
(ग) अभिमन्यु (घ) सात्यकि

652. घटोत्कच-पुत्र बर्बरीक किसके हाथों मारा गया था?
(क) कर्ण (ख) श्रीकृष्ण
(ग) भीष्म (घ) द्रोण

653. राजा पांड्य का वध किसने किया था?
(क) अश्वत्थामा (ख) दुर्योधन
(ग) कर्ण (घ) द्रोण

654. चेदिराज धृष्टकेतु, जो शिशुपाल का पुत्र था, किसके हाथों मारा गया था?
(क) कर्ण (ख) दुःशासन
(ग) भीष्म (घ) द्रोणाचार्य

655. मित्रदेव, जो त्रिगर्तराज़ सुशर्मा का भाई था, किसके हाथों मारा गया था?
(क) कर्ण (ख) अर्जुन
(ग) श्रीकृष्ण (घ) सात्यकि

656. परीक्षित् किस नाग के काटने से मृत्यु को प्राप्त हुए थे?
(क) तक्षक (ख) कालिय
(ग) कौरव्य (घ) अश्वसेन

657. शिखंडी को किसने मारा था?

उत्तर के लिए कृपया पृष्ठ सं. 156 देखें।

(क) श्रीकृष्ण (ख) दुर्योधन
(ग) अश्वत्थामा (घ) भीष्म

658. कालिकेय तथा पौलोम दानवों का अंत किसने किया था?
(क) अर्जुन (ख) भीमसेन
(ग) कर्ण (घ) भीष्म

659. जटासुर राक्षस को किसने मारा था?
(क) श्रीकृष्ण (ख) भीमसेन
(ग) कर्ण (घ) युधिष्ठिर

660. सुधन्वा (संशप्तक योद्धा) का वध किसने किया था?
(क) कर्ण (ख) भीमसेन
(ग) नकुल (घ) अर्जुन

661. बाह्लीक को किसने मारा था?
(क) अर्जुन (ख) भीमसेन
(ग) सात्यकि (घ) द्रुपद

662. सात्यकि के दस पुत्रों का वध किसने किया था?
(क) भूरिश्रवा (ख) दुर्योधन
(ग) कृतवर्मा (घ) अश्वत्थामा

663. सुदर्शन को किसने मारा था?
(क) युधिष्ठिर (ख) सात्यकि
(ग) इरावान् (घ) प्रतिविंध्य

664. म्लेच्छराज शाल्व का वध किसके हाथों हुआ था?
(क) सात्यकि (ख) भीमसेन
(ग) प्रतिविंध्य (घ) कर्ण

665. घटोत्कच-पुत्र अंजनपर्वा का वध किसने किया था?
(क) अश्वत्थामा (ख) कर्ण
(ग) दुर्योधन (घ) भीष्म

666. सोमदत्त को किसने मारा था?
(क) अर्जुन (ख) सात्यकि
(ग) धृष्टद्युम्न (घ) शिखंडी

उत्तर के लिए कृपया पृष्ठ सं. 156 व 157 देखें।

667. मद्र-राजकुमार रुक्मरथ किसके द्वारा मारा गया था?

(क) सात्यकि (ख) इरावान्

(ग) अभिमन्यु (घ) अर्जुन

668. रुचिपर्वा को किसने मारा था?

(क) भगदत्त (ख) धृष्टद्युम्न

(ग) दुर्योधन (घ) शल्य

669. सौभ अधिपति शाल्व किसके हाथों मारा गया था?

(क) बलराम (ख) श्रीकृष्ण

(ग) अर्जुन (घ) प्रद्युम्न

670. कार्तवीर्य अर्जुन का वध किसने किया था?

(क) जमदग्नि (ख) विश्वामित्र

(ग) परशुराम (घ) द्रोणाचार्य

671. अश्वत्थामा को किसने मारा था?

(क) अर्जुन (ख) धृष्टद्युम्न

(ग) सात्यकि (घ) किसी ने नहीं

672. युयुत्सु को किसने मारा था?

(क) भीम (ख) दुर्योधन

(ग) अर्जुन (घ) किसी ने नहीं

673. कालयवन का वध किसने किया था?

(क) अर्जुन (ख) श्रीकृष्ण

(ग) बलराम (घ) कर्ण

674. श्रीकृष्ण ने निम्न में से किसका वध नहीं किया था?

(क) जरासंध (ख) दंतवक्त्र

(ग) शिशुपाल (घ) शाल्व

675. बाणासुर को किसने मारा था?

(क) भीमसेन (ख) बलराम

(ग) कर्ण (घ) श्रीकृष्ण

676. उत्तमौजा को किसने मारा था?

(क) अभिमन्यु (ख) अश्वत्थामा

उत्तर के लिए कृपया पृष्ठ सं. 157 देखें।

(ग) दुर्योधन (घ) भीम

677. युधामन्यु का वध किसने किया था?

(क) अश्वत्थामा (ख) युधिष्ठिर

(ग) कर्ण (घ) द्रोण

678. विदुरजी ने किसके शरीर में प्रवेश कर देह-त्याग किया था?

(क) भीष्म (ख) युधिष्ठिर

(ग) श्रीकृष्ण (घ) धृतराष्ट्र

679. भीमसेन ने महाभारत युद्ध में धृतराष्ट्र के कुल कितने पुत्रों का वध किया था?

(क) 93 (ख) 100

(ग) 85 (घ) 90

□

उत्तर के लिए कृपया पृष्ठ सं. 157 देखें।

11

राज्याधिपति

680. इंद्रप्रस्थ का प्रथम राजा कौन था?

(क) श्रीकृष्ण (ख) युधिष्ठिर

(ग) अर्जुन (घ) दुर्योधन

681. कंस कहाँ का शासक था?

(क) मगध (ख) पंचाल

(ग) हस्तिनापुर (घ) मथुरा

682. श्रीकृष्ण निम्नलिखित में से कहाँ के राजा थे?

(क) मथुरा (ख) इंद्रप्रस्थ

(ग) द्वारका (घ) गांधार

683. कर्ण किस देश का राजा था?

(क) अंग देश (ख) मत्स्य देश

(ग) प्राग्ज्योतिषपुर (घ) दशार्ण

684. गांधार का अधिपति इनमें से कौन था?

(क) हिरण्यवर्मा (ख) सुबल

(ग) जरासंध (घ) विराट

685. चित्रवाहन (अर्जुन के श्वसुर) कहाँ के राजा थे?

(क) प्राग्ज्योतिषपुर (ख) मणिपुर

(ग) दशार्ण (घ) अहिच्छत्र

उत्तर के लिए कृपया पृष्ठ सं. 157 देखें।

686. चेकितान किस देश का शासक था?

(क) दशार्ण (ख) मत्स्य

(ग) केकय (घ) अंग

687. जरासंध कहाँ का राजा था?

(क) मथुरा (ख) मगध

(ग) मद्र (घ) चेदि

688. जयद्रथ किस देश का राजा था?

(क) सिंधु (ख) मत्स्य

(ग) अंग (घ) केकय

689. द्रुपद कहाँ के राजा थे?

(क) मत्स्य (ख) मद्र

(ग) केकय (घ) पंचाल

690. द्रोणाचार्य का शासन किस देश पर था?

(क) केकय (ख) हस्तिनापुर

(ग) अहिच्छत्र (घ) मद्र

691. धृतराष्ट्र कहाँ के राजा थे?

(क) गांधार (ख) हस्तिनापुर

(ग) मथुरा (घ) विदर्भ

692. भगदत्त कहाँ का राजा था?

(क) प्राग्ज्योतिषपुर (ख) मणिपुर

(ग) केकय (घ) त्रिगर्त

693. भीष्मक कहाँ के शासक थे?

(क) निषद देश (ख) चेदि

(ग) मथुरा (घ) द्वारका

694. रुक्मि कहाँ का राजा था?

(क) चेदि (ख) भोजकट

(ग) केकय (घ) सिंधु

695. लंका का राजा कौन था?

(क) अनुविंद (ख) विभीषण

उत्तर के लिए कृपया पृष्ठ सं. 157 देखें।

(ग) सुशर्मा (घ) चित्रांगद

696. शिशुपाल कहाँ का राजा था?

(क) विदर्भ (ख) मगध

(ग) अहिच्छत्र (घ) चेदि

697. विराट कहाँ के शासक थे?

(क) पंचाल (ख) मत्स्य

(ग) मणिपुर (घ) केकय

698. शल्य कहाँ के शासक थे?

(क) गांधार (ख) मत्स्य

(ग) मद्र (घ) केकय

699. हिरण्यवर्मा कहाँ का राजा था?

(क) दशार्ण (ख) अहिच्छत्र

(ग) प्राग्ज्योतिषपुर (घ) इंद्रप्रस्थ

700. बृहंत किस देश का राजा था?

(क) केकय (ख) उलूक देश

(ग) मद्र (घ) मत्स्य देश

701. अयोध्या का राजा इनमें से कौन था?

(क) मेघसंधि (ख) दीर्घयज्ञ

(ग) श्रेणिमान् (घ) सहदेव

702. द्रुमपुत्र कहाँ का राजा था?

(क) किंपुरुषवर्ष (ख) प्राग्ज्योतिषपुर

(ग) शोणितपुर (घ) मणिपुर

703. कुमार देश का राजा कौन था?

(क) दीर्घयज्ञ (ख) श्रेणिमान्

(ग) नील (घ) बृहद्बल

704. कोशल देश पर किसका शासन था?

(क) बृहद्बल (ख) बृहंत

(ग) दीर्घयज्ञ (घ) वसुमान

705. पौंड्रक वासुदेव कहाँ का राजा था?

उत्तर के लिए कृपया पृष्ठ सं. 157 देखें।

(क) कुमार देश (ख) पुंड्र देश
(ग) किंपुरुषवर्ष (घ) सौभ

706. माहिष्मती का राजा कौन था?
(क) शाल्व (ख) बृहंत
(ग) नील (घ) पौंड्रक

707. विंद-अनुविंद कहाँ के राजा थे?
(क) काशी (ख) मगध
(ग) चेदि (घ) उज्जयिनी

708. क्षेमधूर्ति किस देश का अधिपति था?
(क) कुलूत देश (ख) उलूक देश
(ग) कुमार देश (घ) मत्स्य देश

709. इंद्रवर्मा कहाँ के राजा थे?
(क) उज्जयिनी (ख) अवंति
(ग) चेदि (घ) विदर्भ

710. धृष्टकेतु, जो महाभारत युद्ध में पांडवों की ओर से लड़ा था, कहाँ का राजा था?
(क) पंचाल (ख) गांधार
(ग) चेदि (घ) अंग

711. महाभारत युद्ध के पश्चात् हस्तिनापुर के महाराज पद पर कौन आसीन हुआ?
(क) परीक्षित् (ख) युधिष्ठिर
(ग) धृतराष्ट्र (घ) भीमसेन

712. महाभारत युद्ध के पश्चात् हस्तिनापुर का युवराज कौन बना था?
(क) अर्जुन (ख) नकुल
(ग) सहदेव (घ) भीमसेन

713. युधिष्ठिर ने अपने बाद हस्तिनापुर का राजा परीक्षित् को बनाया था, किंतु इंद्रप्रस्थ का राजा किसे बनाया था?
(क) नकुल (ख) सहदेव
(ग) वज्र (श्रीकृष्ण-पौत्र) (घ) युयुत्सु □

उत्तर के लिए कृपया पृष्ठ सं. 157 देखें।

12

अंशावतार

714. निम्नलिखित में से नारायणावतार कौन था?

(क) युधिष्ठिर (ख) श्रीकृष्ण

(ग) अर्जुन (घ) व्यास

715. निम्नलिखित में से नरावतार कौन था?

(क) बलराम (ख) युधिष्ठिर

(ग) विदुर (घ) अर्जुन

716. धृष्टद्युम्न किसके अंश से उत्पन्न था?

(क) अग्नि (ख) यम

(ग) कुबेर (घ) इंद्र

717. द्रौपदी किसका अवतार थी?

(क) लक्ष्मी (ख) काली

(ग) इंद्राणी (घ) मेनका

718. अभिमन्यु किसका अवतार था?

(क) यम (ख) सूर्य

(ग) नर (घ) वर्चा

719. विदुर के रूप में किसने अवतार लिया था?

(क) धर्म (ख) नर

(ग) कुबेर (घ) ब्रह्मा

उत्तर के लिए कृपया पृष्ठ सं. 157 देखें।

720. इनमें से सूर्य के अंश से कौन उत्पन्न हुआ था ?

(क) भीष्म (ख) कर्ण

(ग) परशुराम (घ) द्रोण

721. नकुल-सहदेव किसके अंश से उत्पन्न हुए थे ?

(क) अश्विनीकुमार (ख) धर्म

(ग) कुबेर (घ) वायु

722. मति ने किसके रूप में जन्म लिया था ?

(क) कुंती (ख) सुभद्रा

(ग) गांधारी (घ) सुदेष्णा

723. इनमें से किसके रूप में कालनेमि दैत्य ने जन्म लिया था ?

(क) दुर्योधन (ख) कंस

(ग) शिशुपाल (घ) जरासंध

724. द्रोणाचार्य किसके अंश से अवतीर्ण हुए थे ?

(क) ब्रह्मा (ख) बृहस्पति

(ग) नारद (घ) वसिष्ठ

725. शिशुपाल किसका अवतार था ?

(क) रावण (ख) विप्रचित्ति

(ग) अनुह्लाद (घ) हिरण्यकशिपु

726. महादेव, यम, काल व क्रोध के सम्मिलित अंश से किसका जन्म हुआ था ?

(क) बलराम (ख) भीमसेन

(ग) अश्वत्थामा (घ) धृष्टद्युम्न

727. द्वापर युग के अंश से कौन जनमा था ?

(क) युधिष्ठिर (ख) सात्यकि

(ग) शकुनि (घ) दुःशासन

728. बलराम किसके अवतार थे ?

(क) विष्णु (ख) इंद्र

(ग) शेष (घ) धर्म

729. कलियुग के अंश से कौन जनमा था ?

(क) दुर्योधन (ख) शकुनि

उत्तर के लिए कृपया पृष्ठ सं. 157 देखें।

(ग) दु:शासन (घ) भगदत्त

730. धृतराष्ट्र के रूप में निम्नलिखित में से कौन जनमा था?
(क) हंस (गंधर्व) (ख) विश्वसह (गंधर्व)
(ग) पुलस्त्य (घ) अनुह्लाद

731. भीमसेन किसके अंश से उत्पन्न हुए थे?
(क) यम (ख) वायुदेव
(ग) सूर्य (घ) कुबेर

732. द्रौपदी के पाँचों पुत्र किसका अवतार थे?
(क) मरुद्‌गण (ख) संह्लाद
(ग) अनुह्लाद (घ) विश्वेदेवगण

733. कुंती किसका अवतार थीं?
(क) धृति (ख) सिद्धि
(ग) इंद्राणी (घ) शबरी

734. माद्री किसका अवतार थीं?
(क) धृति (ख) लक्ष्मी
(ग) शची (घ) सिद्धि

735. लक्ष्मी इनमें से किसके रूप में अवतरित हुई थीं?
(क) द्रौपदी (ख) सत्यभामा
(ग) रुक्मिणी (घ) सुभद्रा

736. प्रद्युम्न किसका अवतार थे?
(क) वर्चा (ख) सनत्कुमार
(ग) यम (घ) शेष

737. कामदेव ने इनमें से किसके रूप में अवतार लिया था?
(क) अर्जुन (ख) अनिरुद्ध
(ग) अभिमन्यु (घ) इरावान्

738. सात्यकि का जन्म किसके अंश से हुआ था?
(क) मरुद्‌गण (ख) वाष्कल
(ग) अनुह्लाद (घ) संह्लाद

739. युधिष्ठिर किसके अंश से जनमे थे?

उत्तर के लिए कृपया पृष्ठ सं. 157 व 158 देखें।

(क) कुबेर (ख) वायु
(ग) धर्म (घ) अश्विनीकुमार

740. निम्न में से किसका अंश पाँचों पांडवों में था?
(क) धर्म (ख) विष्णु
(ग) वायु (घ) इंद्र

741. जरासंध के रूप में किसने अवतार लिया था?
(क) विप्रचित्ति (ख) हिरण्यकशिपु
(ग) कैटभ (घ) दुर्ग

742. किसके अंश से द्रुपद का जन्म हुआ था?
(क) वायु (ख) मरुद्गण
(ग) संह्लाद (घ) वाष्कल

743. निम्न में से कौन था, जिसके रूप में द्यो नामक वसु ने अवतार लिया था?
(क) विदुर (ख) भीष्म
(ग) पांडु (घ) शांतनु

744. परशुराम किसके अंशावतार थे?
(क) विष्णु (ख) इंद्र
(ग) शेष (घ) वरुण

745. महर्षि दुर्वासा किसके अंश से उत्पन्न थे?
(क) शेष (ख) सूर्य
(ग) धर्म (घ) शिव

746. महाराज पांडु में किसका अंश था?
(क) अग्नि (ख) विष्णु
(ग) शिव (घ) चंद्रमा

□

उत्तर के लिए कृपया पृष्ठ सं. 158 देखें।

13

इनमें से

747. इनमें से कौन था, जिससे भीम व दुर्योधन—दोनों ने गदायुद्ध की शिक्षा ली थी?

(क) परशुराम (ख) बलराम

(ग) पौंड्रक (घ) जरासंध

748. इनमें से कौन थे जिनका जन्म एक ही दिन हुआ था?

(क) कर्ण-अर्जुन (ख) भीम-दुर्योधन

(ग) श्रीकृष्ण-युधिष्ठिर (घ) दुःशासन-नकुल

749. इनमें से कौन था, जिसके यहाँ श्रीकृष्ण ने बासी साग बड़े प्रेम से खाया था?

(क) गांधारी (ख) विदुर

(ग) भीष्म (घ) एकलव्य

750. इनमें से 'चिरजीवी' कौन कहलाता है?

(क) द्रोणाचार्य (ख) अश्वत्थामा

(ग) धृष्टद्युम्न (घ) युधिष्ठिर

751. इनमें से कौन था, जो महाभारत युद्ध के पश्चात् जीवित बच गया था?

(क) धृष्टद्युम्न (ख) शकुनि

(ग) कृतवर्मा (घ) सोमदत्त

752. इनमें से श्रीकृष्ण के परिवार का कौन व्यक्ति था, जो पांडवों द्वारा बसाए

उत्तर के लिए कृपया पृष्ठ सं. 158 देखें।

गए इंद्रप्रस्थ का राजा बनाया गया था?

(क) वज्र (ख) गद

(ग) प्रद्युम्न (घ) सांब

753. इनमें से कौन धृतराष्ट्र का पुत्र तो था, किंतु गांधारी का नहीं था?

(क) दुर्योधन (ख) बलाकी

(ग) विकर्ण (घ) युयुत्सु

754. इनमें से कौन सा जीव है, जो युधिष्ठिर के शिक्षक के रूप में महाभारत में वर्णित है?

(क) सर्प (ख) वानर

(ग) हाथी (घ) नेवला

755. इनमें से कौन था, जो महाभारत युद्ध में इसलिए नहीं मारा गया कि वह अवध्य था?

(क) युयुत्सु (ख) कृतवर्मा

(ग) कृपाचार्य (घ) सात्यकि

756. इनमें से कौन था, जो पुत्रेष्टि यज्ञ से उत्पन्न था?

(क) अर्जुन (ख) कृपाचार्य

(ग) धृष्टद्युम्न (घ) भगदत्त

757. इनमें से कौन था, जिसने पांडवों के वनवास काल में वन में द्रौपदी का हरण कर लिया था?

(क) चित्ररथ (ख) जरासंध

(ग) जयद्रथ (घ) शिशुपाल

758. इनमें से कौन जुड़वाँ उत्पन्न हुए थे?

(क) श्रीकृष्ण-बलराम (ख) नकुल-सहदेव

(ग) कर्ण-विकर्ण (घ) दुर्योधन-दुःशासन

759. इनमें से 'दानवीर' कौन कहलाता था?

(क) अर्जुन (ख) कर्ण

(ग) बलराम (घ) धृतराष्ट्र

760. इनमें से पंच कन्याओं में किसकी गणना की जाती है?

(क) भानुमती (ख) गांधारी

उत्तर के लिए कृपया पृष्ठ सं. 158 देखें।

(ग) कुंती (घ) सुभद्रा

761. इनमें से 'कानीन' कौन कहलाता था?

(क) नकुल (ख) विदुर

(ग) अश्वत्थामा (घ) व्यास

762. इनमें से कौन था, जिसकी नीति सुविख्यात है?

(क) श्रीकृष्ण (ख) युधिष्ठिर

(ग) विदुर (घ) भीष्म

763. इनमें से कौन नागकन्या थी?

(क) भानुमती (ख) उलूपी

(ग) कामकंटकटा (घ) चित्रांगदा

764. इनमें से पुत्र-मोह के लिए कौन प्रसिद्ध है?

(क) अर्जुन (ख) उग्रसेन

(ग) धृतराष्ट्र (घ) युधिष्ठिर

765. इनमें से किसके सिर में मणि थी?

(क) संजय (ख) अश्वत्थामा

(ग) धृतराष्ट्र (घ) कृपाचार्य

766. इनमें से कौन था, जो द्रोण का सहपाठी था?

(क) कृप (ख) द्रुपद

(ग) पृषत (घ) दमघोष

767. इनमें से किसका अंश पाँचों पांडवों में था?

(क) धर्म (ख) इंद्र

(ग) अश्विनीकुमार (घ) वायु

768. इनमें से कौन था, जिसने आचार्य परशुराम से धनुर्वेद की शिक्षा नहीं ली?

(क) द्रोण (ख) कर्ण

(ग) भीष्म (घ) अर्जुन

769. इनमें से कौन थी, जिसने अश्विनीकुमारों का आवाहन कर पुत्रोत्पन्न किए थे?

(क) माद्री (ख) कुंती

(ग) गांधारी (घ) द्रौपदी

उत्तर के लिए कृपया पृष्ठ सं. 158 देखें।

770. इनमें से कौन था, जो जन्म से ही कवच-कुंडल पहने था?

(क) शिशुपाल (ख) जरासंध

(ग) कर्ण (घ) जयद्रथ

771. इनमें से कौन थे, जो एक दासी के गर्भ से जनमे थे?

(क) व्यास (ख) शकुनि

(ग) विदुर (घ) विचित्रवीर्य

772. इनमें से कौन था, जो दो टुकड़ों में जनमा था?

(क) शकुनि (ख) कंस

(ग) जरासंध (घ) शिशुपाल

773. इनमें से कौन था, जो जनमते ही नदी की जलधारा में प्रवाहित कर दिया गया था?

(क) युधिष्ठिर (ख) श्रीकृष्ण

(ग) भीष्म (घ) कर्ण

774. इनमें से कौन था, जो द्यूत में अपने भाइयों सहित पत्नी तक को हार बैठा था?

(क) बलराम (ख) शकुनि

(ग) युधिष्ठिर (घ) विराट

775. इनमें से धृतराष्ट्र का पुत्र कौन है?

(क) उग्रश्रवा (ख) जयद्रथ

(ग) बृहत्क्षत्र (घ) दमघोष

776. इनमें से धृतराष्ट्र का पुत्र कौन नहीं है?

(क) बलवर्द्धन (ख) कुंडोदर

(ग) वृंदारक (घ) वासुदेव

777. इनमें से किसके लिए सुंद व उपसुंद (राक्षस) लड़ मरे थे?

(क) तिलोत्तमा (ख) द्रौपदी

(ग) कुंती (घ) उर्वशी

778. इनमें से कौन महर्षि हैं, जो अपने क्रोध के लिए जाने जाते हैं?

(क) कश्यप (ख) भरद्वाज

(ग) अत्रि (घ) दुर्वासा

उत्तर के लिए कृपया पृष्ठ सं. 158 देखें।

779. इनमें से कौन ऋषि थे, जिनके पिता ब्राह्मण थे और माता क्षत्रिय ?
(क) परशुराम (ख) द्रोण
(ग) अत्रि (घ) धौम्य

780. इनमें से कौन थे, जिनकी माता अप्सरा थीं और पिता महर्षि ?
(क) परशुराम (ख) वसिष्ठ
(ग) विश्वामित्र (घ) द्रोणाचार्य

781. इनमें से कौन था, जिसके पिता एक तेजस्वी ऋषि थे और माता एक मामूली दासी ?
(क) विदुर (ख) परशुराम
(ग) कर्ण (घ) शिशुपाल

782. इनमें से कौन था जिसका जन्म कारागार में हुआ था ?
(क) कंस (ख) भीमसेन
(ग) जरासंध (घ) श्रीकृष्ण

783. इनमें से कौन था जिसका पिता क्षत्रिय था और माता वैश्य ?
(क) जरासंध (ख) द्रुपद
(ग) युयुत्सु (घ) कर्ण

784. इनमें से कौन थी जिसने विवाह से पूर्व ही एक पुत्र को जन्म दिया था ?
(क) द्रौपदी (ख) सत्यवती
(ग) गांधारी (घ) दुःशला

785. इनमें से किसे 'पार्थ' नहीं कहा जाता ?
(क) भीम (ख) अर्जुन
(ग) नकुल (घ) युधिष्ठिर

786. इनमें से कुंती का पुत्र कौन नहीं था ?
(क) अर्जुन (ख) कर्ण
(ग) भीमसेन (घ) नकुल

787. इनमें से कौन योद्धा विवाहित था ?
(क) सात्यकि (ख) अश्वत्थामा
(ग) कृपाचार्य (घ) भीष्म

788. इनमें से किसने बाल्यावस्था में भीमसेन को विष खिलाकर मारने की चेष्टा की थी ?

उत्तर के लिए कृपया पृष्ठ सं. 158 देखें।

(क) कर्ण (ख) शिशुपाल
(ग) एकलव्य (घ) दुर्योधन

789. इनमें से किसने जरासंध को पराजित किया था ?
(क) कंस (ख) कर्ण
(ग) शिशुपाल (घ) अर्जुन

790. इनमें से अभिमन्यु का पौत्र कौन है ?
(क) इरावान् (ख) जनमेजय
(ग) परीक्षित् (घ) बर्बरीक

791. इनमें से कौन ऋषि थे, जिन्होंने क्षत्रिय होते हुए भी अपने तप से ब्रह्मर्षि पद प्राप्त किया था ?
(क) विश्वामित्र (ख) वसिष्ठ
(ग) परशुराम (घ) दुर्वासा

792. इनमें से कौन था जिसने अभिमन्यु-पत्नी उत्तरा के मृत बालक को जीवित कर दिया था ?
(क) नारद (ख) वेदव्यास
(ग) इंद्र (घ) श्रीकृष्ण

793. इनमें से कौन था जो कुरुक्षेत्र युद्धस्थल में घायल होकर बाणों की शय्या पर लेटा था ?
(क) जयद्रथ (ख) अभिमन्यु
(ग) भीष्म (घ) कर्ण

794. इनमें से कौन दुर्वासा ऋषि के बताए मंत्र के प्रभाव से उत्पन्न हुआ था ?
(क) भीष्म (ख) युधिष्ठिर
(ग) चित्रांगद (घ) वेदव्यास

795. इनमें से किसने जनमेजय को शाप दिया था ?
(क) श्रीकृष्ण (ख) सरमा
(ग) द्रोणाचार्य (घ) तक्षक

796. इनमें से किस ऋषि के आश्रम में शकुंतला रहती थी ?
(क) विश्वामित्र (ख) दुर्वासा
(ग) कण्व (घ) धौम्य

797. इनमें से कौन था, महाभारत युद्ध में, जिसके रथ का पहिया पृथ्वी में धँस

उत्तर के लिए कृपया पृष्ठ सं. 158 देखें।

गया था ?

(क) सात्यकि (ख) भीष्म

(ग) अर्जुन (घ) कर्ण

798. इनमें से कौन था जो एक बार श्रीकृष्ण से उनका सुदर्शन चक्र माँगने गया था ?

(क) अश्वत्थामा (ख) कृतवर्मा

(ग) सात्यकि (घ) सत्राजित्

799. इनमें से कौन पांडव एक बार अपने अग्रज युधिष्ठिर को ही मारने को उद्यत हुआ था ?

(क) भीमसेन (ख) अर्जुन

(ग) नकुल (घ) सहदेव

800. इनमें से भगवान् शिव का वाहन कौन है ?

(क) उलूक (ख) चूहा

(ग) गरुड (घ) नंदी

801. इनमें से कामदेव का वाहन कौन है ?

(क) उलूक (ख) तोता

(ग) हिरण (घ) मयूर

802. इनमें से गणेशजी का वाहन कौन है ?

(क) मयूर (ख) चूहा

(ग) हंस (घ) बैल

803. इनमें से यमराज का वाहन कौन है ?

(क) महिष (भैंसा) (ख) शूकर

(ग) हाथी (घ) बैल

804. इनमें से सरस्वतीजी का वाहन कौन है ?

(क) तोता (ख) गरुड

(ग) उलूक (घ) हंस

805. इनमें से 'धर्मराज' किसे कहा जाता है ?

(क) भीष्म (ख) धृतराष्ट्र

(ग) बलराम (घ) युधिष्ठिर

806. इनमें से किसका भाला-युद्ध उच्च कोटि का था ?

उत्तर के लिए कृपया पृष्ठ सं. 158 व 159 देखें।

(क) अर्जुन (ख) युधिष्ठिर
(ग) नकुल (घ) सहदेव

807. इनमें से 'माखनचोर' किसे कहा जाता है?
(क) बलराम (ख) श्रीकृष्ण
(ग) भीम (घ) अर्जुन

808. इनमें से ज्येष्ठ कौन था?
(क) दुर्योधन (ख) कर्ण
(ग) युधिष्ठिर (घ) भीम

809. इनमें से 'कुंभज' किस ऋषि का नाम था?
(क) अगस्त्य (ख) वेदव्यास
(ग) नारद (घ) अत्रि

810. इनमें से 'करण' कौन कहलाता था?
(क) धृष्टद्युम्न (ख) युयुत्सु
(ग) अर्जुन (घ) शिखंडी

811. इनमें से 'अयोनिजा' कौन थी?
(क) देवकी (ख) कुंती
(ग) द्रौपदी (घ) गांधारी

812. अज्ञातवास की अवधि में गुप्त रूप से राजा विराट के यहाँ जाते समय पांडवों ने अपने शस्त्रास्त्र इनमें से किस वृक्ष पर छिपाए थे?
(क) वट वृक्ष (ख) शमी वृक्ष
(ग) जंबु वृक्ष (घ) अश्वत्थ वृक्ष

813. इनमें से कौन थी, जिसने कुमारी अवस्था में ही एक पुत्र को जन्म दिया था?
(क) द्रौपदी (ख) भानुमती
(ग) कुंती (घ) सुदेष्णा

814. इनमें से कौन था, जो सदेह स्वर्ग गया था?
(क) भीमसेन (ख) युधिष्ठिर
(ग) सहदेव (घ) नकुल

□

उत्तर के लिए कृपया पृष्ठ सं. 159 देखें।

14

विविध

815. महाभारत के रचयिता कौन थे ?
   (क) ब्रह्मा (ख) गणेश
   (ग) वेदव्यास (घ) शुकदेव

816. महाभारत का लेखन किसने किया था ?
   (क) वेदव्यास (ख) वैशंपायन
   (ग) उग्रश्रवा (घ) गणेश

817. जनमेजय को महाभारत किसने सुनाया था ?
   (क) वेदव्यास (ख) परशुराम
   (ग) वैशंपायन (घ) नारद

818. महाभारत की रचना किस छंद में हुई है ?
   (क) अनुष्टुप् (ख) हरिगीतिका
   (ग) भुजंगप्रयात (घ) रोला

819. जरासंध-वध के लिए श्रीकृष्ण व भीम के साथ और कौन गया था ?
   (क) सात्यकि (ख) धृष्टद्युम्न
   (ग) युधिष्ठिर (घ) अर्जुन

820. खांडव वन जलाते समय अर्जुन को किससे युद्ध करना पड़ा था ?
   (क) तक्षक (ख) मयासुर
   (ग) इंद्र (घ) दुर्योधन

उत्तर के लिए कृपया पृष्ठ सं. 159 देखें।

821. लाक्षागृह के निर्माण का दायित्व दुर्योधन ने किसे दिया था ?

(क) कणिक (ख) पुरोचन

(ग) प्रातिकामी (घ) संजय

822. मणिपुर में युद्ध करते हुए मृत्यु को प्राप्त हुए अर्जुन पुनः कैसे जीवित हुए थे ?

(क) इंद्र द्वारा अभिमंत्रित जल छिड़कने से

(ख) श्रीकृष्ण के ओषधोपचार से

(ग) उलूपी की दी हुई मणि से

(घ) चित्रांगदा द्वारा संजीवनी बूटी देने पर

823. द्यूत में पराजय के पश्चात् द्रौपदी सहित सभी पांडव वनवास के लिए चले गए थे; किंतु कुंती कहाँ रह गई थीं ?

(क) श्रीकृष्ण के पास द्वारका में

(ख) तीर्थयात्रा पर

(ग) विदुरजी के घर पर

(घ) हस्तिनापुर के राजभवन में ही रही थीं

824. महाभारत युद्ध के पश्चात् कृपाचार्य का क्या हुआ ?

(क) युधिष्ठिर के यहाँ रहने लगे

(ख) अचानक गायब हो गए

(ग) तीर्थयात्रा पर चले गए

(घ) पांडवों ने उनका वध कर दिया

825. अर्जुन ने जिस दिव्य रथ पर सवार होकर महाभारत का युद्ध लड़ा था, वह उन्हें किससे प्राप्त हुआ था ?

(क) इंद्र (ख) कुबेर

(ग) ब्रह्मा (घ) वरुण

826. कुंती को देवताओं के आवाहन का मंत्र किसने दिया था ?

(क) दुर्वासा (ख) वेदव्यास

(ग) धौम्य (घ) किंदम

827. दुर्योधन ने अपना अंतिम सेनापति किसे नियुक्त किया था ?

(क) शल्य (ख) अश्वत्थामा

उत्तर के लिए कृपया पृष्ठ सं. 159 देखें।

(ग) कर्ण (घ) कृपाचार्य

828. कौरव पक्ष का वह कौन योद्धा था, जो महाभारत युद्ध में कर्ण को सदैव हतोत्साहित करता रहा था?

(क) शल्य (ख) भीष्म

(ग) कृप (घ) द्रोण

829. उत्तरा के गर्भ-स्थित मृत बालक को पुन: किसने जीवित किया था?

(क) महर्षि व्यास (ख) नारद

(ग) श्रीकृष्ण (घ) युधिष्ठिर

830. 'गीता' के उपदेश में श्रीकृष्ण ने स्वयं को वृक्षों में कौन सा वृक्ष कहा है?

(क) वट (ख) अश्वत्थ

(ग) कदंब (घ) अशोक

831. महाभारत युद्ध समाप्त हो जाने पर अर्जुन के उस दिव्य रथ का क्या हुआ, जिसपर आरूढ़ हो उन्होंने युद्ध लड़ा था?

(क) स्वर्गलोक चला गया (ख) दग्ध होकर जल गया

(ग) वरुण के पास चला गया (घ) श्रीकृष्ण द्वारका ले गए

832. धृतराष्ट्र को महाभारत युद्ध का वृत्तांत सुनाने हेतु संजय को दिव्य दृष्टि किसने प्रदान की थी?

(क) वेदव्यास (ख) श्रीकृष्ण

(ग) दुर्वासा (घ) सूर्य

833. पांडवों के महाप्रस्थान में उनके साथ द्रौपदी के अलावा और कौन था?

(क) कुंती (ख) एक कुत्ता

(ग) सुभद्रा (घ) धौम्य

834. द्रोणाचार्य का वह कौन शिष्य था, जिसने गंगास्नान कर रहे आचार्य की ग्राह के आक्रमण से रक्षा की थी?

(क) युधिष्ठिर (ख) अर्जुन

(ग) भीम (घ) दुर्योधन

835. हस्तिनापुर-नरेश विचित्रवीर्य की विधवा पत्नियों—अंबिका एवं अंबालिका से नियोग करके धृतराष्ट्र व पांडु को किसने उत्पन्न किया था?

(क) चित्रांगद (ख) भीष्म

उत्तर के लिए कृपया पृष्ठ सं. 159 देखें।

(ग) वेदव्यास (घ) पराशर

836. इंद्रप्रस्थ के राजभवन में स्थल को जल और जल को स्थल समझकर कौन बार-बार भ्रमित हो रहा था और जल में गिर पड़ा था?

(क) शकुनि (ख) दुर्योधन

(ग) कर्ण (घ) दु:शासन

837. हस्तिनापुर-नरेश विचित्रवीर्य की मृत्यु किस रोग के कारण हुई थी?

(क) क्षय (ख) उदर शूल

(ग) अर्बुद (घ) पांडु

838. वह चौकी, जिसपर पासा बिछाया या खेला जाय, क्या कहलाती है?

(क) द्यूत चौकी (ख) द्यूत पट्ट

(ग) द्यूत फलक (घ) द्यूत आसन

839. आज के शतरंज खेल को महाभारत काल में क्या कहते थे?

(क) द्यूत (ख) नवरंग

(ग) चतुरंग (घ) प्रहारम्

840. द्रोण व द्रुपद ने किसके आश्रम में एक साथ शिक्षा पाई थी?

(क) परशुराम (ख) भरद्वाज

(ग) सांदीपनि (घ) अग्निवेश्य

841. कुरुवंश का वह कौन राजा था, जो जन्म से ही नेत्रहीन था?

(क) प्रतीप (ख) विचित्रवीर्य

(ग) धृतराष्ट्र (घ) शांतनु

842. वह कौन था, जो आचार्य द्रोण की मिट्टी की प्रतिमा बनाकर, उसे ही गुरु मानकर उसके सम्मुख बाण-संचालन का अभ्यास करता था?

(क) अर्जुन (ख) एकलव्य

(ग) कर्ण (घ) धृष्टद्युम्न

843. युधिष्ठिर के राजसूय यज्ञ के ब्रह्मा कौन थे?

(क) महर्षि व्यास (ख) याज्ञवल्क्य

(ग) धौम्य (घ) कृपाचार्य

844. युधिष्ठिर का सारथि इनमें से कौन था?

(क) विदूरथ (ख) संजय

उत्तर के लिए कृपया पृष्ठ सं. 159 देखें।

(ग) इंद्रसेन (घ) अधिरथ

845. महाभारत युद्ध के प्रथम दिन पांडव सेना का सेनापति कौन था?
(क) अर्जुन (ख) धृष्टद्युम्न
(ग) युधिष्ठिर (घ) भीमसेन

846. महाभारत युद्ध के प्रथम दिन कौरव सेना का सेनापति कौन था?
(क) कर्ण (ख) भीष्म
(ग) द्रोण (घ) शल्य

847. पांडवों ने किसे अपना पुरोहित बनाया था?
(क) मुनि धौम्य (ख) महर्षि व्यास
(ग) याज्ञवल्क्य (घ) कृपाचार्य

848. हस्तिनापुर का कुलगुरु कौन था?
(क) द्रोणाचार्य (ख) व्यास
(ग) कृपाचार्य (घ) धौम्य

849. हस्तिनापुर का महामात्य कौन था?
(क) विदुर (ख) कणिक
(ग) पुरोचन (घ) संजय

850. अधिरथ (जिसने कर्ण को पाला था) हस्तिनापुर में किस पद पर कार्यरत था?
(क) मंत्री (ख) अमात्य
(ग) सारथि (घ) सलाहकार

851. संजय हस्तिनापुर में किस पद पर कार्यरत थे?
(क) मंत्री (ख) गुप्तचर प्रमुख
(ग) अमात्य (घ) महामात्य

852. कणिक कौन था?
(क) गुप्तचर प्रमुख (ख) अमात्य
(ग) सूचना प्रमुख (घ) मंत्री

853. शकुनि हस्तिनापुर प्रशासन में किस पद पर था?
(क) अमात्य (ख) मंत्री
(ग) गुप्तचर प्रमुख (घ) सलाहकार

उत्तर के लिए कृपया पृष्ठ सं. 159 देखें।

854. दारुक किसका सारथि था ?

(क) अर्जुन (ख) कर्ण

(ग) श्रीकृष्ण (घ) भीष्म

855. दुर्योधन का सारथि कौन था ?

(क) प्रातिकामी (ख) अधिरथ

(ग) संजय (घ) कणिक

856. कीचक मत्स्य देश में किस पद पर था ?

(क) महामात्य (ख) मंत्री

(ग) गुप्तचर प्रमुख (घ) सेनापति

857. युधिष्ठिर के राजसूय यज्ञ के सामवेद उद्गाता कौन थे ?

(क) याज्ञवल्क्य (ख) सुसामा

(ग) धौम्य (घ) पैल

858. युधिष्ठिर के राजसूय यज्ञ के अध्वर्यु कौन थे ?

(क) याज्ञवल्क्य (ख) पैल

(ग) सुसामा (घ) धौम्य

859. युधिष्ठिर के राजसूय यज्ञ में मुनि धौम्य ने कौन सा दायित्व निभाया था ?

(क) होता (ख) अध्वर्यु

(ग) ब्रह्मा (घ) सामवेद उद्गाता

860. कौरव-पांडवों के गुरु इनमें से कौन थे ?

(क) महर्षि व्यास (ख) आचार्य द्रोण

(ग) आचार्य परशुराम (घ) महर्षि अग्निवेश्य

861. श्रीकृष्ण ने 'गीता' का उपदेश किसे दिया था ?

(क) भीष्म (ख) अर्जुन

(ग) दुर्योधन (घ) धृतराष्ट्र

862. पांडवों ने अपने वनवास काल में कौरवों की रक्षा किस गंधर्व से की थी ?

(क) चित्रसेन (ख) चित्ररथ

(ग) विश्वसह (घ) स्थूणाकर्ण

863. प्रश्नों के उत्तर दिए बिना सरोवर का जल पीने से पांडवों को किसने मना किया था ?

उत्तर के लिए कृपया पृष्ठ सं. 159 देखें।

(क) एक गंधर्व (ख) एक नाग
(ग) एक राक्षस (घ) एक यक्ष

864. खांडव वन को किस-किसने मिलकर जलाया था?
(क) अर्जुन-भीम (ख) श्रीकृष्ण-अर्जुन
(ग) भीम-नकुल (घ) बलराम-श्रीकृष्ण

865. किस राजकुमारी ने भीष्म के वध हेतु तपस्या की थी?
(क) अंबिका (ख) अंबालिका
(ग) अंबा (घ) बलंधरा

866. जरासंध के वध के पश्चात् राजकुमार सहदेव का क्या हुआ था?
(क) वह भी मार डाला गया (ख) उसका राज्याभिषेक हुआ
(ग) मगध छोड़कर भाग गया (घ) आत्महत्या कर ली

867. युधिष्ठिर के राजसूय यज्ञ में किसकी अग्रपूजा की गई थी?
(क) युधिष्ठिर (ख) श्रीकृष्ण
(ग) वेदव्यास (घ) मुनि धौम्य

868. कर्ण से उसके कवच-कुंडल कौन माँग ले गया था?
(क) श्रीकृष्ण (ख) कुंती
(ग) इंद्र (घ) वरुण

869. भीष्म ने काशिराज की कन्याओं—अंबा, अंबिका, अंबालिका—का हरण क्यों किया था?
(क) उनसे अपने पिता शांतनु का विवाह करने हेतु
(ख) अपना विवाह करने हेतु
(ग) हस्तिनापुर-नरेश विचित्रवीर्य का विवाह करने हेतु
(घ) काशिराज से शत्रुता के कारण

870. अग्नि की प्रचंड शिखाओं से घिरे लाक्षागृह से पांडव बाहर कैसे आए थे?
(क) सुरंग के द्वारा (ख) विमान के द्वारा
(ग) लाक्षागृह के ऊपर से कूदकर (घ) रथ में सवार हो

871. महाभारत युद्ध में सहायता माँगने हेतु श्रीकृष्ण के पास द्वारका पांडवों की ओर से कौन गया था?
(क) अर्जुन (ख) भीमसेन

उत्तर के लिए कृपया पृष्ठ सं. 159 देखें।

(ग) युधिष्ठिर (घ) धृष्टद्युम्न

872. इंद्रप्रस्थ का निर्माण किस शिल्पी ने किया था?
(क) स्थूणाकर्ण (ख) पुरोचन
(ग) मय (घ) विश्वकर्मा

873. वह कौन था, जिसे बार-बार 'सूतपुत्र' कहा जाता था, जबकि वह क्षत्रिय था?
(क) एकलव्य (ख) कर्ण
(ग) अश्वसेन (घ) युधामन्यु

874. जरासंध के वध के पश्चात् उसकी कारा में बंदी राजाओं का क्या हुआ था?
(क) वध कर दिए गए (ख) बंदी ही रहे
(ग) मुक्त कर दिए गए (घ) दास बना दिए गए

875. भीम द्रौपदी के लिए कमल पुष्प लेने जब सौगंधिक वन पहुँचे तो वहाँ किससे उनका युद्ध हुआ था?
(क) चित्ररथ गंधर्व से (ख) कुबेर से
(ग) हनुमानजी से (घ) यक्ष व राक्षसों से

876. पांडवों को लाक्षागृह के षड्यंत्र से बचाने में किसकी प्रमुख भूमिका थी?
(क) विदुर (ख) श्रीकृष्ण
(ग) भीष्म (घ) गांधारी

877. पांडवों का दूत बनकर, संधि-प्रस्ताव लेकर हस्तिनापुर कौन गया था?
(क) बलराम (ख) श्रीकृष्ण
(ग) सात्यकि (घ) वेदव्यास

878. दुर्योधन द्वारा महाभारत युद्ध में सहायता माँगे जाने पर श्रीकृष्ण ने उसे क्या दिया था?
(क) दिव्य रथ (ख) गदा
(ग) तलवार (घ) नारायणी सेना

879. अजगर रूपी नहुष से भीमसेन के प्राणों की रक्षा किसने की थी?
(क) हिडिंबा (ख) श्रीकृष्ण
(ग) वायुदेव (घ) युधिष्ठिर

उत्तर के लिए कृपया पृष्ठ सं. 159 व 160 देखें।

880. अर्जुन ने स्वर्ग में नृत्य-गान की शिक्षा किससे प्राप्त की थी?

(क) चित्रसेन (ख) तुंबरू

(ग) मातलि (घ) सहजन्या

881. वह कौन पांडव था, जो विराट के यहाँ अश्वों की सेवा का कार्य करता था?

(क) भीम (ख) नकुल

(ग) सहदेव (घ) युधिष्ठिर

882. महाभारत युद्ध में कर्ण के रथ की ध्वजा पर किसका चिह्न अंकित था?

(क) सूर्य (ख) मकर

(ग) सर्प (घ) गरुड

883. अर्जुन के रथ की ध्वजा पर किसका चिह्न अंकित था?

(क) गरुड (ख) मकर

(ग) कमंडलु (घ) कपि (वानर)

884. घटोत्कच के रथ की ध्वजा पर किस पक्षी का चिह्न अंकित था?

(क) गृद्ध (ख) कबूतर

(ग) गरुड (घ) श्येन

885. द्रोणाचार्य के रथ की ध्वजा पर किस वस्तु का चिह्न अंकित था?

(क) धनुष-बाण (ख) शंख

(ग) सर्प (घ) काष्ठ चौकी-कमंडलु

886. श्रीकृष्ण के रथ की ध्वजा पर किसका चिह्न बना हुआ था?

(क) शंख (ख) गरुड

(ग) चक्र (घ) शेषनाग

887. पांडवों में सर्वाधिक बलशाली कौन था?

(क) अर्जुन (ख) भीम

(ग) युधिष्ठिर (घ) सहदेव

888. चित्ररथ गंधर्व को किस पांडव ने पराजित किया था?

(क) युधिष्ठिर (ख) भीमसेन

(ग) सहदेव (घ) अर्जुन

889. अर्जुन को 'चाक्षुषी' नामक विद्या किससे प्राप्त हुई थी?

उत्तर के लिए कृपया पृष्ठ सं. 160 देखें।

(क) कुबेर (ख) इंद्र
(ग) द्रोणाचार्य (घ) चित्ररथ (गंधर्व)

890. गदा से दुर्योधन की जंघा तोड़ डालने की प्रतिज्ञा किस वीर ने की थी?
(क) युयुत्सु (ख) भीमसेन
(ग) शिशुपाल (घ) भगदत्त

891. महाभारत युद्ध के समय बलराम कहाँ चले गए थे?
(क) तीर्थयात्रा पर (ख) रैवतक पर्वत पर
(ग) मथुरा (घ) द्वारका में ही रहे

892. विरूपाक्ष राक्षस महाभारत युद्ध में किसका सारथ्य कर रहा था?
(क) दुर्योधन (ख) घटोत्कच
(ग) अलंबुष (घ) शल्य

893. वह कौन महान् धनुर्धर था, जिसके दाहिने हाथ का अँगूठा द्रोणाचार्य ने गुरुदक्षिणा के रूप में माँग लिया था?
(क) अनुविंद (ख) अर्जुन
(ग) कर्ण (घ) एकलव्य

894. कर्ण से कवच-कुंडल माँगने के लिए इंद्र किस वेश में आए थे?
(क) ब्राह्मण वेश (ख) भिक्षुक वेश
(ग) देव वेश (घ) व्याध वेश

895. किरात वेश में वह कौन था, जिससे अर्जुन का युद्ध इस विवाद में हुआ कि शूकर को पहले किसने मारा?
(क) इंद्र (ख) कुबेर
(ग) धर्म (घ) शिव

896. कौरवों द्वारा मत्स्य देश पर किए गए आक्रमण के उत्तर में अर्जुन ने कौरव योद्धाओं की क्या दुर्गति की थी?
(क) उनके सिर के केश साफ कर दिए थे
(ख) उनके एक-एक कान काट लिये थे
(ग) उनके वस्त्र (अधोवस्त्र छोड़कर) उतार लिये थे
(घ) उन्हें पैदल ही हस्तिनापुर भेजा था

897. द्रौपदी स्वयंवर में पांडव किस वेश में पहुँचे थे?

उत्तर के लिए कृपया पृष्ठ सं. 160 देखें।

(क) ब्राह्मण वेश (ख) क्षत्रिय वेश
(ग) वनवासी वेश (घ) मुनि वेश

898. हस्तिनापुर द्यूतसभा में द्रौपदी को अपमानित किए जाने का विरोध किस धृतराष्ट्र-पुत्र ने किया था?
(क) विकर्ण (ख) युयुत्सु
(ग) विविंशति (घ) दुर्धर्ष

899. युधिष्ठिर एवं दुर्योधन के मध्य हो रही द्यूतक्रीड़ा में कौरवों की ओर से पासे कौन फेंक रहा था?
(क) दुर्योधन (ख) शकुनि
(ग) प्रातिकामी (घ) विकर्ण

900. काशि राजकुमारी अंबा किससे प्रेम करती थी?
(क) विदुर (ख) भीष्म
(ग) शाल्व (घ) श्रीकृष्ण

901. श्रीकृष्ण की किस रानी ने पांडव वनवास के समय वन में जाकर द्रौपदी से भेंट की थी?
(क) सत्यभामा (ख) रुक्मिणी
(ग) जांबवती (घ) कालिंदी

902. युधिष्ठिर को 'प्रतिस्मृति' विद्या किससे प्राप्त हुई थी?
(क) महर्षि व्यास (ख) द्रोणाचार्य
(ग) देवर्षि नारद (घ) सूर्य

903. अश्वत्थामा द्वारा प्रयुक्त नारायणास्त्र से पांडवों तथा पांडव सेना को किसने बचाया था?
(क) नारद (ख) वेदव्यास
(ग) श्रीकृष्ण (घ) इंद्र

904. पांडवों की दिग्विजय यात्रा के अंतर्गत अर्जुन ने कौन सी दिशा की विजय प्राप्त की थी?
(क) दक्षिण (ख) पश्चिम
(ग) पूर्व (घ) उत्तर

905. निम्न में वह कौन है, जिसने कर्ण को स्वप्न में सावधान किया था कि वह

उत्तर के लिए कृपया पृष्ठ सं. 160 देखें।

इंद्र को अपने कवच-कुंडल दान न करे?

(क) कुंती (ख) सूर्य

(ग) श्रीकृष्ण (घ) परशुराम

906. युधिष्ठिर के राजसूय यज्ञ के निमित्त भीम ने किस दिशा की विजय यात्रा की थी?

(क) उत्तर (ख) दक्षिण

(ग) पश्चिम (घ) पूर्व

907. युधिष्ठिर के राजसूय यज्ञ में ब्राह्मणों के पद-प्रक्षालन का कार्य किसने किया था?

(क) विदुर (ख) युधिष्ठिर

(ग) श्रीकृष्ण (घ) अर्जुन

908. विराट के यहाँ बृहन्नला बने अर्जुन किसे नृत्य की शिक्षा देते थे?

(क) सुदेष्णा (ख) उत्तरा

(ग) सैरंध्री (घ) विराट

909. कुरुक्षेत्र युद्धस्थल पर युद्ध प्रारंभ होने के पूर्व अर्जुन ने किस देवी की स्तुति की थी?

(क) दुर्गा (ख) सरस्वती

(ग) काली (घ) लक्ष्मी

910. महाभारत युद्ध में भीष्म पितामह के शर-शय्या पर गिर जाने के बाद उनके सिर को ऊँचा करने के लिए उपधान तथा पीने के लिए जल की व्यवस्था अपने बाणों के द्वारा किस वीर ने की थी?

(क) श्रीकृष्ण (ख) अर्जुन

(ग) कर्ण (घ) एकलव्य

911. राजसूय यज्ञ में युधिष्ठिर के अभिषेक के समय स्वर्ण-मंडित रथ लेकर कौन आया था?

(क) बाह्लीक (ख) श्रीकृष्ण

(ग) भगदत्त (घ) द्रुपद

912. पांडवों को सुंद-उपसुंद की कथा किसने सुनाई थी?

(क) नारद (ख) धौम्य

उत्तर के लिए कृपया पृष्ठ सं. 160 देखें।

(ग) परशुराम (घ) वेदव्यास

913. महाभारत युद्ध में अर्जुन के रथ का सारथ्य किसने किया था?

(क) शल्य (ख) सात्यकि

(ग) दारुक (घ) श्रीकृष्ण

914. कुरुक्षेत्र युद्धस्थल पर भीष्म पितामह बाणों से घायल होकर, शर-शय्या पर पड़े रहकर प्राण त्यागने हेतु सूर्य के किस स्थिति में आने की प्रतीक्षा कर रहे थे?

(क) अस्त (ख) उदय

(ग) उत्तरायण (घ) दक्षिणायन

915. 'गीता' के उपदेश में श्रीकृष्ण ने स्वयं को देवर्षियों में कौन सा देवर्षि कहा था?

(क) कर्दम (ख) वालखिल्य

(ग) पर्वत (घ) नारद

916. द्रौपदी स्वयंवर में लक्ष्यवेध किसने किया था?

(क) कर्ण (ख) अर्जुन

(ग) श्रीकृष्ण (घ) भीष्म

917. महाभारत युद्ध समाप्त होने के पश्चात् भीष्म पितामह ने किसे मोक्ष धर्म के उपदेश दिए थे?

(क) विदुर (ख) युधिष्ठिर

(ग) श्रीकृष्ण (घ) कुंती

918. अश्वत्थामा की मणि प्राप्त कर युधिष्ठिर ने उसका क्या किया था?

(क) भुजबंध में लगा ली (ख) अपने सिंहासन में जड़वा दी

(ग) अपने मस्तक पर धारण की (घ) गंगा में फिंकवा दी

919. पांडवों को लाक्षागृह से बचाने के लिए सुरंग खोदने हेतु जो खनक आया था उसे किसने भेजा था?

(क) भीष्म (ख) श्रीकृष्ण

(ग) गांधारी (घ) विदुर

920. राजसूय यज्ञ के निमित्त दिग्विजय यात्रा के लिए युधिष्ठिर किस दिशा में गए थे?

(क) दक्षिण (ख) उत्तर

उत्तर के लिए कृपया पृष्ठ सं. 160 देखें।

(ग) पूर्व (घ) किसी दिशा में नहीं

921. लाक्षागृह से बच निकलने के बाद पांडवों ने किस नदी को पार किया था?
(क) यमुना (ख) गंगा
(ग) चर्मण्वती (घ) समंगा

922. कौरवों की द्यूतसभा में द्रौपदी को नग्न करने का प्रयास किसने किया था?
(क) कर्ण (ख) दुर्योधन
(ग) दु:शासन (घ) प्रातिकामी

923. वह कौन अप्सरा थी, जिसका अर्जुन ने ग्राह योनि से उद्धार किया था?
(क) मेनका (ख) वर्गा
(ग) घृताची (घ) जानपदी

924. सद्य:जात कृप व कृपी को सरकंडों के झुंड में पड़ा देख कौन राजा उन्हें अपने महल में उठा लाया था और उनका पालन-पोषण किया था?
(क) पृषत (ख) शांतनु
(ग) भरत (घ) दमघोष

925. दु:शासन द्वारा द्रौपदी के चीर-हरण के समय किसने उसकी रक्षा की थी?
(क) व्यास (ख) द्रुपद
(ग) भीष्म (घ) श्रीकृष्ण

926. खांडव वन दाह के समय किसने श्रीकृष्ण व अर्जुन से प्राणदान की याचना की थी?
(क) तक्षक (ख) अश्वसेन
(ग) मयासुर (घ) कालिय

927. वह कौन था, जो आजीवन हस्तिनापुर के राजसिंहासन का संरक्षण करता रहा?
(क) भीष्म (ख) विदुर
(ग) बाह्लीक (घ) व्यास

928. महाभारत युद्ध आरंभ होने के ठीक पहले कौन पांडव योद्धा अपने रथ से उतरकर भीष्म, द्रोण, कृप व शल्य से युद्ध आरंभ करने हेतु आज्ञा तथा आशीर्वाद माँगने गया था?
(क) सात्यकि (ख) धृष्टद्युम्न

उत्तर के लिए कृपया पृष्ठ सं. 160 देखें।

(ग) अर्जुन (घ) युधिष्ठिर

929. महाभारत युद्ध का प्रसिद्ध हाथी 'अश्वत्थामा' किस राजा का था?

(क) इंद्रवर्मा (ख) हिरण्यवर्मा

(ग) जरासंध (घ) भगदत्त

930. कुरुक्षेत्र को कौन सा तीर्थ कहा जाता था?

(क) सोम (ख) प्रभास क्षेत्र

(ग) समंतपंचक (घ) हिरण्य

931. वह कौन जंतु था, जो युधिष्ठिर के अश्वमेध यज्ञ की समाप्ति पर अचानक आकर यज्ञकुंड की रख में लोटने लगा था तथा जिसका सिर और आधा शरीर सोने का था?

(क) सर्प (ख) नेवला

(ग) कुत्ता (घ) छछूँदर

932. श्रीकृष्ण ने दुर्योधन से पांडवों के लिए जो पाँच गाँव माँगे थे उनमें निम्नलिखित में से कौन नहीं था?

(क) अविस्थल (ख) वृकस्थल

(ग) दृगस्थल (घ) वारणावत

933. जनमेजय के सर्पयज्ञ के अग्निकुंड में तक्षक नाग को गिरने से किसने बचाया था?

(क) जरत्कारु (ख) आस्तीक

(ग) वेदव्यास (घ) इंद्र

934. द्रोणाचार्य द्वारा महाभारत युद्ध में निर्मित चक्रव्यूह में कौन पांडव-पुत्र मारा गया था?

(क) इरावान् (ख) घटोत्कच

(ग) अभिमन्यु (घ) प्रतिविंध्य

935. श्रीकृष्ण के परमधाम-गमन के पश्चात् कौन पांडव द्वारका गया था?

(क) भीमसेन (ख) अर्जुन

(ग) सहदेव (घ) नकुल

936. अश्विनीकुमारों की कृपा से किस महर्षि को सुंदर रूप और यौवन की प्राप्ति हुई थी?

उत्तर के लिए कृपया पृष्ठ सं. 160 देखें।

(क) वाल्मीकि (ख) धौम्य

(ग) अगस्त्य (घ) च्यवन

937. आरुणि, उपमन्यु, वेद—ये तीन प्रसिद्ध शिष्य किस ऋषि के थे?

(क) धौम्य (ख) अगस्त्य

(ग) वसिष्ठ (घ) विश्वामित्र

938. अन्न हेतु अक्षय पात्र की प्राप्ति के लिए युधिष्ठिर ने किसकी पूजा की थी?

(क) इंद्र (ख) अग्नि

(ग) सूर्य (घ) वरुण

939. कुंती का ज्येष्ठ पुत्र कौन था?

(क) युधिष्ठिर (ख) कर्ण

(ग) भीमसेन (घ) अर्जुन

940. खांडव वन जलाने हेतु अर्जुन व श्रीकृष्ण से किसने प्रार्थना की थी?

(क) वरुण (ख) इंद्र

(ग) दुर्योधन (घ) अग्निदेव

941. पांडवों की महाप्रस्थान यात्रा के समय उनके साथ एक स्त्री भी थी; वह कौन थी?

(क) कुंती (ख) गांधारी

(ग) द्रौपदी (घ) उत्तरा

942. कुंती ने किसकी कथा सुनाकर पांडवों को युद्ध के लिए प्रोत्साहित किया था?

(क) विद्योत्तमा (ख) विदुला

(ग) पांडु (घ) भीष्म

943. धृतराष्ट्र ने अपनी पुत्री दु:शला का विवाह किसके साथ किया था?

(क) शिशुपाल (ख) जरासंध

(ग) जयद्रथ (घ) कंस

944. पांडव भाइयों में ज्येष्ठ कौन था?

(क) भीमसेन (ख) युधिष्ठिर

(ग) अर्जुन (घ) नकुल

उत्तर के लिए कृपया पृष्ठ सं. 160 व 161 देखें।

945. जनमेजय के नागयज्ञ का होता कौन था?

(क) चंडकौशिक (ख) जैमिनी

(ग) पिंगल (घ) कौत्स

946. जनमेजय के नागयज्ञ का ब्रह्मा कौन था?

(क) पिंगल (ख) जैमिनी

(ग) चंडकौशिक (घ) शार्ङ्गरव

947. चार अंगों—हाथी, घोड़े, रथ व पैदल—वाली सेना को क्या कहा जाता था?

(क) अक्षौहिणी (ख) पृतना

(ग) चतुरंगिणी (घ) अनीकनी

948. जो बड़े भाई के रहते हुए विवाह कर लेता था वह क्या कहलाता था?

(क) परिवेत्ता (ख) निकृष्ट

(ग) पापाचारी (घ) नरकगामी

949. मुक्त, अमुक्त, मुक्तामुक्त तथा मंत्रमुक्त—ये चारों भेद किस वेद के हैं?

(क) सामवेद (ख) धनुर्वेद

(ग) आयुर्वेद (घ) ऋग्वेद

950. युद्ध के अंतिम दिन जब भीमसेन ने दुर्योधन की जंघा पर गदा का प्रहार किया तो उस समय भीमसेन को मारने को कौन उद्यत हुआ था?

(क) युधिष्ठिर (ख) श्रीकृष्ण

(ग) अश्वत्थामा (घ) बलराम

951. श्रीकृष्ण व बलराम में से सबसे पहले परमधाम-गमन किसने किया था?

(क) बलराम (ख) श्रीकृष्ण

(ग) दोनों एक साथ (घ) कोई नहीं

952. श्रीकृष्ण के स्वर्गारोहण के पश्चात् कौन से युग का आरंभ हुआ था?

(क) सत्ययुग (ख) द्वापरयुग

(ग) त्रेतायुग (घ) कलियुग

953. परशुराम किस कुल के थे?

(क) रघुकुल (ख) भृगुकुल

(ग) यदुकुल (घ) कुरुकुल

उत्तर के लिए कृपया पृष्ठ सं. 161 देखें।

954. पांडवों में श्याम वर्ण का कौन था ?

(क) अर्जुन (ख) भीमसेन

(ग) युधिष्ठिर (घ) नकुल

955. द्रौपदी-पुत्रों में ज्येष्ठ कौन था ?

(क) सुतसोम (ख) प्रतिविंध्य

(ग) शतानीक (घ) श्रुतकर्मा

956. शैब्य, सुग्रीव, मेघपुष्प और बलाहक—ये चार प्रसिद्ध अश्व इनमें से किसके रथ में जुते होते थे ?

(क) अर्जुन (ख) भीष्म

(ग) द्रोण (घ) श्रीकृष्ण

957. महाभारत युद्ध के अंतिम दिन जब दुर्योधन एक सरोवर में जा छिपा था, उसका पता भीमसेन को किसने बताया था ?

(क) सैनिकों (ख) गुप्तचरों

(ग) ब्याधों (घ) ब्राह्मणों

958. महाभारत युद्ध का वृत्तांत द्वारका में वसुदेव को किसने सुनाया था ?

(क) अर्जुन (ख) श्रीकृष्ण

(ग) दारुक (घ) सात्यकि

959. पांडवों की महाप्रस्थान यात्रा के समय उनके साथ जो कुत्ता चल रहा था, इनमें से उसके रूप में कौन था ?

(क) शिव (ख) धर्मराज

(ग) इंद्र (घ) अग्नि

960. पांडवों की महाप्रस्थान यात्रा में सबसे पहले कौन मृत्यु को प्राप्त हुआ था ?

(क) नकुल (ख) द्रौपदी

(ग) सहदेव (घ) अर्जुन

961. पांडवों की महाप्रस्थान यात्रा के समय इनमें से किस पांडव को स्वर्ग ले जाने हेतु इंद्र रथ लेकर आए थे ?

(क) भीमसेन (ख) अर्जुन

(ग) युधिष्ठिर (घ) सहदेव

उत्तर के लिए कृपया पृष्ठ सं. 161 देखें।

962. श्रीकृष्ण का जन्म किस माह में हुआ था ?
(क) फाल्गुन (ख) भाद्रपद
(ग) श्रावण (घ) आश्विन

963. अर्जुन का जन्म किस माह में हुआ था ?
(क) वैशाख (ख) फाल्गुन
(ग) कार्तिक (घ) पौष

964. महाभारत का युद्ध किस युग में हुआ था ?
(क) द्वापरयुग (ख) त्रेतायुग
(ग) कलियुग (घ) सत्ययुग

965. दुष्यंत और शकुंतला का विवाह किस प्रकार का विवाह था ?
(क) आसुर (ख) राक्षस
(ग) गांधर्व (घ) प्राजापात्य

966. बाल्यावस्था में कर्ण का पालन-पोषण किसने किया था ?
(क) अधिरथ (ख) संजय
(ग) नंद (घ) अक्रूर

967. हस्तिनापुर में राजकुमारों को शस्त्रास्त्रों की शिक्षा देने के लिए आचार्य द्रोण को किसने नियुक्त किया था ?
(क) भीष्म (ख) धृतराष्ट्र
(ग) पांडु (घ) सत्यवती

968. पांडव-कौरवादि किस वंश से संबंधित हैं ?
(क) यदु वंश (ख) सूर्य वंश
(ग) चंद्र वंश (घ) भृगु वंश

969. राजा पांडु की मृत देह के साथ सती होनेवाली रानी कौन थी ?
(क) कुंती (ख) माद्री
(ग) गांधारी (घ) सुदेष्णा

970. अर्जुन को मारने की प्रतिज्ञा किस वीर ने की थी ?
(क) कर्ण (ख) भीष्म
(ग) दुर्योधन (घ) एकलव्य

971. धृतराष्ट्र-पुत्रों में ज्येष्ठ कौन था ?

उत्तर के लिए कृपया पृष्ठ सं. 161 देखें।

(क) युयुत्सु (ख) विकर्ण
(ग) दुर्योधन (घ) दु:शासन

972. सुभद्रा का हरण किसने किया था?
(क) कर्ण (ख) अर्जुन
(ग) दुर्योधन (घ) शिशुपाल

973. श्रीकृष्ण व बलराम के परमधाम-गमन के पश्चात् द्वारका का क्या हुआ था?
(क) समुद्री डाकुओं ने आक्रमण कर अधिकृत कर लिया
(ख) राजा रैवत ने अधिकार कर लिया
(ग) समुद्र में डूब गई
(घ) प्रद्युम्न राजा हुए

974. द्रौपदी स्वयंवर की क्या शर्त थी?
(क) वहाँ रखे धनुष को उठा लेना
(ख) गतिमान मछली की आँख को भेदना
(ग) द्रौपदी को शास्त्रार्थ में पराजित करना
(घ) द्रौपदी को युद्ध में पराजित करना

975. लक्ष्मीजी का वाहन कौन सा पक्षी है?
(क) तोता (ख) गरुड
(ग) उलूक (घ) हंस

976. विष्णु का वाहन कौन सा पक्षी है?
(क) चूहा (ख) हंस
(ग) गरुड (घ) शेर

977. दुर्गाजी का वाहन कौन सा पशु है?
(क) भैंसा (ख) शेर
(ग) हाथी (घ) घोड़ा

978. अंतिम समय युधिष्ठिर का साथ किस जीव ने दिया था?
(क) नेवला (ख) कुत्ता
(ग) सर्प (घ) तोता

979. कार्त्तिकेय की सवारी कौन सा पक्षी माना जाता है?

उत्तर के लिए कृपया पृष्ठ सं. 161 देखें।

(क) हंस (ख) मयूर
(ग) गरुड (घ) बगुला

980. शिवजी का वाहन कौन है?
(क) नंदी (बैल) (ख) गरुड
(ग) तोता (घ) चूहा

981. श्रीमद्भगवद्गीता महाभारत के किस पर्व के अंतर्गत है?
(क) आदिपर्व (ख) महाप्रास्थानिकपर्व
(ग) भीष्मपर्व (घ) कर्णपर्व

982. महाभारत युद्ध के आरंभ का वर्णन महाभारत के किस पर्व के अंतर्गत है?
(क) कर्णपर्व (ख) शल्यपर्व
(ग) भीष्मपर्व (घ) वनपर्व

983. श्रीकृष्ण के मुकुट में किस पक्षी का पंख लगा होता था?
(क) कपोत (ख) तोता
(ग) मोर (घ) खंजन

984. घटोत्कच किस जाति का था?
(क) गंधर्व (ख) नाग
(ग) यक्ष (घ) राक्षस

985. एकलव्य अपने किस गुण और कौशल के लिए प्रसिद्ध है?
(क) गुरुभक्ति एवं धनुर्विद्या (ख) वीरता एवं पराक्रम
(ग) पितृभक्ति एवं शिल्पकला (घ) ईश्वरभक्ति एवं समाज-सेवा

986. श्रीकृष्ण के गुरु कौन थे?
(क) द्रोणाचार्य (ख) सांदीपनि
(ग) परशुरांम (घ) कृपाचार्य

987. कृप (आचार्य) का पालन-पोषण किस राजा ने किया था?
(क) पृषत (ख) शांतनु
(ग) विचित्रवीर्य (घ) उग्रसेन

988. वनवास के समय युधिष्ठिर की तपस्या से प्रसन्न होकर सूर्य ने उन्हें कौन सी वस्तु प्रदान की थी?
(क) अमोघ शक्ति (ख) अक्षय पात्र

उत्तर के लिए कृपया पृष्ठ सं. 161 देखें।

(ग) दिव्य मणि (घ) दिव्य रथ

989. तक्षक नाग के शरीर का रंग कैसा था?

(क) धूम्र वर्ण (ख) नील वर्ण

(ग) पीत वर्ण (घ) रक्त वर्ण

990. साँप के फनों में दिखाई देनेवाली नील रेखा को क्या कहते हैं?

(क) स्वस्तिक रेखा (ख) शिरो रेखा

(ग) नील रेखा (घ) फण रेखा

991. अंत:पुर के अध्यक्ष को क्या कहा जाता था?

(क) अंतर्वेशिक (ख) अंतराध्यक्ष

(ग) अंत:पाल (घ) अंत:रक्षक

992. पहरेदारों को काम बतानेवाले अधिकारी को क्या कहा जाता था?

(क) प्रहरी प्रमुख (ख) प्रदेष्टा

(ग) प्रहरी नायक (घ) द्वार अध्यक्ष

993. ऋषियों के उस समुदाय को क्या कहते हैं, जो कहा जाता है कि ब्रह्माजी के नख से उत्पन्न हुआ है?

(क) वालखिल्य (ख) सलिलाहार

(ग) उन्मज्जक (घ) वैखानस

994. महर्षियों के उस समुदाय को क्या कहते हैं, जो कहा जाता है कि ब्रह्माजी के रोम से प्रकट हुआ है?

(क) सजप (ख) वालखिल्य

(ग) वायुभक्ष (घ) पंचाग्निसेवी

995. मुनियों के उस समुदाय को क्या कहा जाता है, जो पत्तों का आहार करता है?

(क) वैखानस (ख) उन्मज्जक

(ग) पत्राहार (घ) सलिलाहार

996. कंठ तक पानी में डूबकर तपस्या करनेवाले ऋषियों को क्या कहा जाता है?

(क) वैखानस (ख) वालखिल्य

(ग) उन्मज्जक (घ) वायुभक्ष

उत्तर के लिए कृपया पृष्ठ सं. 161 देखें।

997. निरंतर जप करनेवाले ऋषियों के समुदाय को क्या कहा जाता है ?

(क) वालखिल्य (ख) उन्मज्जक

(ग) सजप (घ) सुपार्श्व

998. वायु पीकर जीवन-निर्वाह करनेवाले ऋषियों के समुदाय को क्या कहा जाता है ?

(क) सुपार्श्व (ख) वैखानस

(ग) सजप (घ) वायुभक्ष

999. आर्षभ, जनार्दन, पुंडरीकाक्ष, महाबाहु, हृषीकेश—ये किसके नाम हैं ?

(क) अर्जुन (ख) श्रीकृष्ण

(ग) कर्ण (घ) भीष्म

1000. 'वासुदेव' किस वृक्ष को कहते हैं ?

(क) जंबु वृक्ष (ख) अश्वत्थ वृक्ष

(ग) वट वृक्ष (घ) कदंब वृक्ष

□

उत्तर के लिए कृपया पृष्ठ सं. 161 देखें।

उत्तर-सूची

1. (ग) खांडव
2. (घ) जरा
3. (घ) द्वैपायन सरोवर
4. (ग) जरा
5. (ग) तोरणस्फटिक
6. (क) संजीवन मणि
7. (ख) अश्व नदी
8. (क) शुभम्
9. (ख) मूक
10. (ग) सर्वतोभद्र
11. (ख) पाञ्चजन्य
12. (क) देवव्रत
13. (ख) युधिष्ठिर
14. (घ) भीमसेन
15. (क) श्रीकृष्ण
16. (घ) अर्जुन
17. (ग) बलराम
18. (ग) श्रीकृष्ण
19. (ख) कर्ण
20. (ग) वेदव्यास
21. (ग) उत्तर
22. (ग) भूरिश्रवा
23. (क) द्रौपदी
24. (क) सत्यवती
25. (ग) देवापि
26. (ग) राजसूय
27. (ख) चक्र
28. (क) शैलोदा
29. (ख) द्वापरयुग
30. (क) रुद्रावर्त्त
31. (घ) शुभा
32. (ग) सर्वतोमुख
33. (ख) दुर्वासा
34. (ख) तक्षक
35. (ख) अर्जुन
36. (ग) पौंड्र
37. (ख) स्थूणाकर्ण
38. (ख) नारायण
39. (ख) उर्वशी
40. (ग) सैरंध्री
41. (ख) अश्वत्थामा
42. (ख) सर्प यज्ञ
43. (ख) सोदर्यवान्
44. (क) दारुक
45. (ख) अंजलिकावेध
46. (ग) सौगंधिक
47. (ग) प्रायोपवेश
48. (क) मकर
49. (क) प्रातिकामी
50. (ग) सहदेव
51. (क) अश्वसेन
52. (ग) चाक्षुषी

53. (क) प्रतिस्मृति
54. (घ) अनुस्मृति
55. (ख) अधिरथ
56. (घ) जय
57. (क) आदिपर्व
58. (घ) नंदिघोष
59. (ख) सरमा
60. (क) उच्चै:श्रवा
61. (ग) स्यमंतक
62. (ख) तक्षक
63. (घ) पत्ति
64. (क) हिरण्यवती
65. (ग) ऐरावत
66. (ख) मातलि
67. (घ) वैजयंती
68. (ख) सुधर्मा
69. (ख) याज
70. (क) काश्यप
71. (क) देवदत्त
72. (ग) श्वेतकि
73. (क) नंदिनी
74. (ख) सौभ
75. (ग) वैष्णव
76. (ख) गीता
77. (ख) विश्व रूप
78. (घ) सुघोष
79. (क) पुत्रेष्टि यज्ञ
80. (ख) विश्वकर्मा
81. (ग) कार्त्तिकेय
82. (क) अश्विनीकुमार
83. (क) नारद
84. (ख) राजसूय
85. (क) धृतराष्ट्र के मंत्री संजय
86. (ग) रैवतक
87. (घ) अर्जुन
88. (ग) हलाहल
89. (क) बभ्रुवाहन
90. (ख) युयुत्सु
91. (घ) बर्बरीक
92. (ग) जरत्कारु
93. (ख) बाह्लीक
94. (घ) भीमसेन
95. (ख) धृष्टद्युम्न
96. (घ) अर्जुन
97. (ख) बलराम
98. (क) विदर्भराज रुक्मि
99. (क) अर्जुन
100. (क) श्रीकृष्ण
101. (ग) शिखंडी
102. (ग) जरासंध
103. (ग) अर्जुन
104. (ख) भीष्म
105. (ख) युधिष्ठिर द्वारा गांडीव का अपमान कर देने पर
106. (ग) सहदेव
107. (ग) युयुत्सु
108. (ख) शल्य
109. (ग) भीष्म
110. (ख) भीमसेन
111. (घ) शल्य
112. (ख) जटासुर
113. (क) बभ्रुवाहन
114. (घ) गांधारी
115. (ग) धृष्टद्युम्न
116. (ख) धृतराष्ट्र
117. (घ) किसी की ओर नहीं
118. (ख) शल्य
119. (क) परशुराम
120. (ख) ययाति
121. (ख) भीमसेन

122. (घ) अश्वत्थामा
123. (ख) भीष्म
124. (क) गांधारी
125. (क) सांब
126. (घ) दु:शासन
127. (घ) शिशुपाल
128. (ख) भीमसेन
129. (क) डाकुओं
130. (क) राजा नहुष
131. (क) भीमसेन
132. (क) युयुत्सु
133. (क) अश्वत्थामा
134. (घ) शिशुपाल
135. (ख) पंचजन नामक दानव की हड्डियों से बना था, इस कारण
136. (क) अर्जुन की माता कुंती का एक नाम 'पृथा' था, इस कारण
137. (ख) महाराज हस्ती द्वारा बसाए जाने के कारण
138. (घ) पंचाल देश की राजकुमारी होने के कारण
139. (क) उसकी देह से मछली की गंध आती थी, इस कारण
140. (ख) नदी के द्वीप में जन्म होने के कारण
141. (ग) शरीर का रंग पीला होने के कारण
142. (ख) भीषण प्रतिज्ञा करने के कारण
143. (ख) राधा का (पालित) पुत्र होने के कारण
144. (क) निद्रा को जीत लेने के कारण
145. (ग) जनमते ही अश्व (घोड़े) की तरह हिनहिनाने के कारण
146. (ख) यज्ञसेन (द्रुपद) की पुत्री होने के कारण
147. (क) माता (कुंती) के विवाह होने के पूर्व ही उत्पन्न होने और माता द्वारा त्याग दिए जाने के कारण
148. (ख) अनेक देशों को जीतकर वहाँ से अपार धन ले जाने के कारण
149. (ग) भोज देश के राजा कुंतिभोज के घर पली थी, इस कारण
150. (क) धृष्ट (ढीठ) तथा असहिष्णु होने के कारण
151. (ख) गांधार देश की राजकुमारी थी, इस कारण
152. (ख) दोनों हाथों से बाण चला लेते थे, इस कारण
153. (क) द्रोण नामक यज्ञपात्र में जन्म लेने के कारण
154. (ख) उसके शरीर का वर्ण कृष्ण (काला) था, इस कारण
155. (ग) जरा नामक राक्षसी द्वारा जन्म के समय हुए इसके शरीर के दो टुकड़ों को जोड़ देने के कारण
156. (घ) माता के गर्भ में परिक्षीण या विनष्ट होने से बचाए जाने के कारण
157. (ग) महाराज पांडु के पुत्र थे, इस कारण
158. (ख) समुद्र-मंथन से निकले हलाहल विष का पान करने से कंठ नीला पड़ जाने के कारण

159. (क) इनके पेट में वृक नाम की एक विकट अग्नि थी, इस कारण
160. (ख) भीम द्वारा एक सहस्र सोमयाग करके उसे उत्पन्न किए जाने के कारण
161. (घ) उसका 'घट' अर्थात् सिर 'उत्कच' अर्थात् केशहीन था, इस कारण
162. (ख) माता द्वारा जन्म के बाद वन में छोड़ दिए जाने पर शकुंतों (पक्षियों) द्वारा वन्य-जीवों से रक्षा किए जाने के कारण
163. (ग) इंद्र ने स्वयं उनके सिर पर किरीट पहनाया था, इस कारण
164. (क) सदैव हल धारण करने के कारण
165. (घ) 'सत्यक' का पुत्र था, इस कारण
166. (ख) देवताओं के राजा थे, इस कारण
167. (ग) 'पिनाक' नामक त्रिशूल धारण करने के कारण
168. (क) अपने अंग काटकर इंद्र को कवच और कुंडल दान कर देने के कारण
169. (ख) भगीरथ घोर तपस्या करके स्वर्ग से पृथ्वी पर लाए थे, इस कारण
170. (घ) वह जिस किसी वृद्ध को भी अपने दोनों हाथों से स्पर्श कर देते थे तो वह युवा हो जाता था और अत्यंत सुख व शांति का अनुभव करने लगता था, इस कारण
171. (ग) वसुदेव के पुत्र होने के कारण
172. (ख) मुर राक्षस की पुत्री होने के कारण
173. (क) आकाशवाणी द्वारा महाराज दुष्यंत से इनके भरण-पोषण के लिए कहा गया था, इस कारण
174. (घ) मुर राक्षस का वध करने के कारण
175. (क) महाराज शांतनु द्वारा कृपापूर्वक पाले जाने के कारण
176. (क) जरासंध के साथ युद्ध न कर रणभूमि छोड़कर द्वारका चले जाने के कारण
177. (घ) महाराज सुबल का पुत्र होने के कारण
178. (ख) माता के गर्भ से स्वयमेव गिर पड़े थे और गतिशील थे, इस कारण
179. (ख) सोने के रथ पर चलते थे, इस कारण
180. (क) वृष्णि के वंशज होने के कारण
181. (ग) परशु (फरसा) धारण करने के कारण
182. (क) चंद्रवंशी राजा कुरु का वंशज होने के कारण
183. (ख) अर्जुन (पार्थ) का सारथि होने के कारण
184. (ग) समुद्र को चुल्लुओं में पी जाने के कारण
185. (घ) जह्नु ऋषि की जंघा से निकलने के कारण

186. (ग) दिति के वंशज होने के कारण
187. (ख) कृत्तिकाओं द्वारा पालन किए जाने के कारण
188. (ग) वैश्य माता और क्षत्रिय पिता से उत्पन्न होने के कारण
189. (क) उस क्षेत्र में पाँच कुंड या सरोवर होने के कारण
190. (क) कृष्ण वर्ण का होने के कारण
191. (घ) संर्पों की माला पहनने के कारण
192. (ख) सुभद्रा का पुत्र होने के कारण
193. (क) 18
194. (ग) 2128
195. (ग) लगभग 1,00,217
196. (ग) 5,000 वर्ष पूर्व
197. (ख) 415
198. (घ) 18
199. (घ) 11
200. (ग) 7
201. (घ) 1,09,350
202. (क) 65,610
203. (घ) 21,870
204. (क) 21,870
205. (क) 18
206. (ख) 1,66,00,20,000
207. (ग) 24,165
208. (ख) 17
209. (ग) 6
210. (घ) 5
211. (ख) 100
212. (घ) 3,000
213. (क) 4
214. (घ) 4
215. (क) 2
216. (ग) 5
217. (घ) 100
218. (ख) 10वें
219. (क) 17वें
220. (घ) 3
221. (घ) 3
222. (ग) 2
223. (क) 4
224. (घ) 12
225. (ख) 5
226. (क) 13
227. (ख) 3
228. (क) 8
229. (ख) 1 अक्षौहिणी
230. (क) 1,00,00,00,000
231. (घ) 8
232. (ख) 7
233. (क) 10
234. (ख) 124
235. (ख) 100
236. (घ) 3
237. (क) 4
238. (ख) 14
239. (ख) 10,000
240. (ग) 9
241. (क) 1,00,00,00,000
242. (ख) 105
243. (ख) 9
244. (क) 500
245. (ख) 60 वर्ष
246. (ख) 14,000
247. (क) 12 वर्ष
248. (ग) 18
249. (ख) 7
250. (क) 10
251. (ग) 5

252. (क) 5
253. (ख) 8
254. (क) 2
255. (घ) 1 अक्षौहिणी
256. (क) 8
257. (ख) 3
258. (ख) 80
259. (क) 2,400
260. (घ) 1
261. (ख) 101
262. (ख) 21
263. (ख) 4
264. (ग) 108
265. (क) 10
266. (ग) 1,008
267. (घ) 1,000
268. (घ) 5
269. (क) 4
270. (ग) 4
271. (ख) 4
272. (ख) भीष्म
273. (क) दुर्योधन
274. (ग) अर्जुन
275. (घ) भीष्म
276. (ग) युधिष्ठिर
277. (क) भीमसेन
278. (क) संशप्तकों
279. (ख) श्रीकृष्ण
280. (ख) द्रौपदी
281. (ग) भीमसेन
282. (घ) कर्ण ने कुंती को
283. (ख) यक्ष रूपी धर्मराज ने
284. (क) कुंती
285. (ग) अर्जुन ने द्रोणाचार्य से
286. (ग) श्रीकृष्ण
287. (क) अर्जुन
288. (ख) अभिमन्यु
289. (ख) कुंती
290. (ग) गंगा
291. (ख) द्रुपद
292. (ख) धृष्टद्युम्न ने द्रौपदी के स्वयंवर में
293. (ग) श्रीकृष्ण
294. (ग) शिशुपाल
295. (ख) शिशुपाल
296. (क) शिशुपाल
297. (क) श्रीकृष्ण ने शिशुपाल के लिए
298. (ख) द्रोणाचार्य
299. (ख) द्रोणाचार्य
300. (क) उत्तरा
301. (ख) भीष्म
302. (ग) इंद्र
303. (क) श्रीकृष्ण
304. (घ) श्रीकृष्ण
305. (ख) श्रीकृष्ण
306. (ग) श्रीकृष्ण
307. (क) युधिष्ठिर ने शल्य से
308. (ख) कर्ण
309. (क) श्रीकृष्ण
310. (क) अश्वसेन नाग
311. (ग) भीष्म पितामह
312. (क) श्रीकृष्ण ने अर्जुन को
313. (ख) अर्जुन ने कुरुक्षेत्र में
314. (क) पितामह भीष्म
315. (ख) श्रीकृष्ण
316. (क) दुर्गा देवी
317. (ग) श्रीकृष्ण ने अर्जुन से, महाभारत युद्धस्थल में
318. (क) महर्षि नारद

319. (ग) श्रीकृष्ण
320. (ख) अश्वत्थामा
321. (ख) यक्ष
322. (क) कृपाचार्य
323. (ग) श्रीकृष्ण
324. (क) श्रीकृष्ण
325. (घ) द्रौपदी
326. (क) श्रीकृष्ण
327. (ग) ऋषि दुर्वासा ने कुंती को
328. (ख) शिव
329. (ख) शांतनु
330. (क) श्रुतश्रवा
331. (घ) पांडु
332. (ग) शिव
333. (क) एक ब्राह्मण
334. (घ) आचार्य परशुराम
335. (क) मुनि किंदम ने महाराज पांडु को
336. (क) अर्जुन ने शिव से
337. (ग) द्रौपदी ने धृतराष्ट्र से
338. (ख) युधिष्ठिर ने धर्मराज से
339. (ग) गांधारी
340. (ख) श्रृंगी
341. (क) युधिष्ठिर
342. (ग) सरमा (कुतिया)
343. (ख) अर्जुन
344. (घ) 1
345. (ग) शिव
346. (ख) पर्वतास्त्र
347. (ख) अंजलिक
348. (ख) वैजयंती
349. (ख) एरका
350. (घ) सम्मोहनास्त्र
351. (क) ऐषीकास्त्र
352. (क) ब्रह्मास्त्र
353. (ख) जृंभकास्त्र
354. (घ) गांडीव
355. (ख) पाशुपत
356. (घ) इंद्र
357. (ग) शार्ङ्ग
358. (ख) नंदक
359. (ग) कौमोदकी
360. (ख) सुदर्शन
361. (क) नारायणास्त्र
362. (ख) ब्रह्मशिर
363. (ग) अंतर्धान
364. (ख) शिव
365. (क) कौशिकी
366. (घ) प्रस्वापनास्त्र
367. (क) शिव
368. (ख) 12
369. (ख) वरुण
370. (घ) अग्निदेव के कहने पर जल में डाल दिया था
371. (क) भीमसेन
372. (क) पाँव के अँगूठे से रथ को पृथ्वी में धँसाकर
373. (ख) विश्वकर्मा
374. (ग) परशुराम
375. (क) नाराच
376. (ग) भल्ल
377. (ख) अंजलिक
378. (घ) वत्सदंत
379. (क) सिंहदंष्ट्र
380. (ग) क्षुर
381. (क) इंद्र
382. (घ) पाशुपतास्त्र
383. (घ) कुरुक्षेत्र
384. (घ) पंचाल
385. (ख) मत्स्य देश

386. (क) महेंद्र
387. (ख) वारणावत में
388. (क) इंद्रप्रस्थ
389. (क) एकचक्रा नगरी में
390. (क) प्राग्ज्योतिषपुर
391. (क) अंग देश
392. (घ) मगध
393. (क) काशी
394. (ग) काशी
395. (ख) द्वारका के निकट
396. (क) काम्यक वन के निकट
397. (ख) मणिपुर
398. (क) प्राग्ज्योतिषपुर
399. (ख) कदली वन में
400. (क) उपप्लव्य
401. (ग) काम्यक वन
402. (क) चंपापुरी में
403. (ख) सोमाश्रयायण तीर्थ में
404. (क) कुरुक्षेत्र युद्धस्थल में
405. (ख) अहिच्छत्र
406. (ख) कुरुक्षेत्र
407. (ग) सर्वदेवतीर्थ
408. (क) नागलोक
409. (ख) उलूक देश
410. (घ) गिरिव्रज
411. (क) रावी और व्यास
412. (ख) तक्षशिला
413. (ग) उज्जैन
414. (ख) पंचाल (दक्षिण)
415. (क) सिंधु
416. (ख) देवप्रस्थ
417. (ग) उत्कोचक तीर्थ में
418. (क) विदर्भ
419. (ख) रैवतक पर्वत
420. (क) मालिनी नगरी
421. (ग) शुक्तिमती
422. (ख) गंगा
423. (ग) शतश्रृंग
424. (क) काम्यक
425. (ग) एक सरोवर में
426. (क) एक ब्राह्मण के घर
427. (ग) तपस्यारत वृद्धक्षत्र की गोद में
428. (ख) सरस्वती
429. (क) द्वारका
430. (घ) गंगाद्वार
431. (ख) हिमालय पर्वत पर
432. (ग) हिमालय पर्वत
433. (घ) द्वारका
434. (ख) हस्ती
435. (क) पवनरेखा
436. (ख) कृपी
437. (ग) जानपदी
438. (क) सत्यवती
439. (ख) रोहिणी
440. (क) घृताची
441. (ख) श्रुतश्रवा
442. (ख) हिडिंबा
443. (ख) कामकंटकटा (मौर्वी)
444. (क) उलूपी
445. (ग) चित्रांगदा
446. (ग) गंगा
447. (घ) देवकी
448. (क) कुंती
449. (घ) माद्री
450. (ख) गांधारी
451. (ग) कुंती
452. (क) अंबिका
453. (घ) अंबालिका
454. (ख) सत्यवती

455. (ग) सुभद्रा
456. (क) रेणुका
457. (ग) शकुंतला
458. (क) सुनंदा
459. (ख) रथंतरी
460. (ख) उत्तरा
461. (क) माद्रवती
462. (क) गांधारी
463. (ख) मेनका
464. (ग) अद्रिका
465. (ख) हिरण्यधनु
466. (क) शूरसेन
467. (ग) इंद्रद्युम्न
468. (क) शरद्वान्
469. (ग) वृद्धक्षत्र
470. (क) बृहद्रथ
471. (घ) भीमसेन
472. (ग) पृषत
473. (ख) भरद्वाज
474. (ख) सोमदत्त
475. (ख) वेदव्यास
476. (ख) पराशर
477. (ख) अर्जुन
478. (क) इंद्र
479. (ख) द्रोण
480. (ख) अर्जुन
481. (घ) तक्षक
482. (क) विराट
483. (क) कौरव्य
484. (ख) सूर्य
485. (ग) संवरण
486. (ख) वसुदेव
487. (ख) सुबल
488. (क) विश्वावसु
489. (ग) चित्रवाहन
490. (ख) परीक्षित्
491. (घ) धृतराष्ट्र
492. (घ) गोवासन
493. (क) शिशुपाल
494. (ग) द्रुपद
495. (घ) वेदव्यास
496. (क) द्रुपद
497. (ग) नासत्य (अश्विनीकुमार)
498. (ग) दस्र (अश्विनीकुमार)
499. (ख) जगदग्नि
500. (घ) अभिमन्यु
501. (ख) वेदव्यास
502. (ग) ययाति
503. (क) अर्जुन
504. (ख) घटोत्कच
505. (ख) नरकासुर
506. (ग) दुष्यंत
507. (क) वायुदेव
508. (क) शांतनु
509. (ग) धर्म
510. (क) धृतराष्ट्र
511. (ग) भीष्मक
512. (क) दुर्योधन
513. (क) धृतराष्ट्र
514. (क) शांतनु
515. (क) विश्वामित्र
516. (ग) सुबल
517. (ख) प्रतीप
518. (ग) दमघोष
519. (ख) द्रुपद
520. (ग) सत्राजित्
521. (ख) सत्यक
522. (क) वसुदेव
523. (ख) जटासुर
524. (घ) द्युतिमान्

525. (ख) प्रतीप
526. (ग) बाह्लीक
527. (ख) सोमदत्त
528. (घ) राजा उपरिचर
529. (क) हृदीक
530. (ग) सुभद्रा
531. (ख) द्रौपदी
532. (क) चित्रांगदा
533. (ख) उलूपी
534. (क) रुक्मिणी
535. (ख) कामकंटकटा
536. (ख) भानुमती
537. (घ) कृपी
538. (क) करेणुमती
539. (ख) द्रौपदी
540. (ग) हिडिंबा
541. (क) बलंधरा
542. (घ) देविका
543. (ख) रेवती
544. (ख) उत्तरा
545. (क) राधा
546. (घ) शची
547. (ग) कुंभीनसी
548. (ग) वपुष्टमा
549. (घ) रेणुका
550. (क) दु:शला
551. (ग) शकुंतला
552. (ख) गांधारी
553. (ख) माद्रवती
554. (घ) कुंती
555. (ग) माद्री
556. (क) सुनंदा
557. (घ) अरुंधती
558. (क) रोहिणी
559. (ग) अंबालिका
560. (ख) सुदेष्णा
561. (ग) सत्यवती
562. (क) तपती
563. (क) विजया
564. (ख) कंस
565. (घ) वृषसेन
566. (क) सांब
567. (ख) लक्ष्मण
568. (ग) शुकदेव
569. (ख) परीक्षित्
570. (ग) इरावान्
571. (ख) श्रुतकीर्ति
572. (क) सुरथ
573. (ग) सहदेव
574. (ग) लक्ष्मणा
575. (ख) अश्वत्थामा
576. (ग) दु:शला
577. (घ) शतानीक
578. (ग) निरमित्र
579. (क) सर्वग
580. (क) सुतसोम
581. (क) यौधेय
582. (ग) प्रतिविंध्य
583. (ख) धृष्टकेतु
584. (ग) श्रुतकर्मा
585. (ख) सुहोत्र
586. (ग) घटोत्कच
587. (ख) यदु
588. (ख) वज्रदत्त
589. (क) शृंगी
590. (ख) वर्चा
591. (घ) ययाति
592. (ग) श्रीकृष्ण
593. (क) कृपाचार्य
594. (ग) कंस

595. (ख) हिडिंब
596. (घ) शकुनि
597. (क) शल्य
598. (क) धृष्टकेतु
599. (ख) उत्तर कुमार
600. (क) धृष्टद्युम्न
601. (ख) वसुदेव
602. (ग) वसुदेव
603. (ख) सुशर्मा
604. (क) आस्तीक
605. (ख) दावाग्नि में जलकर
606. (घ) अश्वत्थामा
607. (घ) बभ्रुवाहन
608. (घ) नकुल
609. (ख) एक भीलनी और उसके पाँच पुत्र
610. (क) अभिमन्यु
611. (घ) छह महारथियों
612. (ग) हिडिंबा
613. (घ) मल्ल युद्ध
614. (ख) धृष्टद्युम्न
615. (क) भीमसेन
616. (घ) अर्जुन
617. (क) अर्जुन
618. (घ) अश्वत्थामा
619. (क) युधिष्ठिर
620. (क) कर्ण
621. (क) सात्यकि
622. (ख) द्रोणाचार्य
623. (क) सहदेव
624. (क) सहदेव
625. (क) अलंबुष
626. (ख) अभिमन्यु
627. (घ) किसी के नहीं
628. (ख) शिशुपाल
629. (ख) भीमसेन
630. (ग) भीमसेन
631. (ख) भीमसेन
632. (घ) भीमसेन
633. (ख) अर्जुन
634. (ख) घटोत्कच
635. (क) घटोत्कच
636. (ख) सात्यकि
637. (ख) अर्जुन
638. (क) अर्जुन
639. (घ) अर्जुन
640. (घ) भीमसेन
641. (क) सात्यकि
642. (क) अर्जुन
643. (ख) श्रुतकर्मा
644. (ग) चित्र
645. (ग) सात्यकि
646. (क) दुर्योधन
647. (ख) अर्जुन
648. (घ) धृष्टद्युम्न
649. (क) अर्जुन
650. (ख) गंधर्वराज चित्रांगद
651. (ग) अभिमन्यु
652. (ख) श्रीकृष्ण
653. (ख) दुर्योधन
654. (घ) द्रोणाचार्य
655. (ख) अर्जुन
656. (क) तक्षक
657. (ग) अश्वत्थामा
658. (क) अर्जुन
659. (ख) भीमसेन
660. (घ) अर्जुन
661. (ख) भीमसेन
662. (क) भूरिश्रवा
663. (ख) सात्यकि

664. (क) सात्यकि
665. (क) अश्वत्थामा
666. (ख) सात्यकि
667. (ग) अभिमन्यु
668. (क) भगदत्त
669. (ख) श्रीकृष्ण
670. (ग) परशुराम
671. (घ) किसी से नहीं
672. (घ) किसी ने नहीं
673. (ख) श्रीकृष्ण
674. (क) जरासंध
675. (घ) श्रीकृष्ण
676. (ख) अश्वत्थामा
677. (क) अश्वत्थामा
678. (ख) युधिष्ठिर
679. (ख) 100
680. (ख) युधिष्ठिर
681. (घ) मथुरा
682. (ग) द्वारका
683. (क) अंग देश
684. (ख) सुबल
685. (ख) मणिपुर
686. (ग) केकय
687. (ख) मगध
688. (क) सिंधु
689. (घ) पंचाल
690. (ग) अहिच्छत्र
691. (ख) हस्तिनापुर
692. (क) प्राग्ज्योतिषपुर
693. (क) निषद देश
694. (ख) भोजकट
695. (ख) विभीषण
696. (घ) चेदि
697. (ख) मत्स्य
698. (ग) मद्र
699. (क) दशार्ण
700. (ख) उलूक देश
701. (ख) दीर्घयज्ञ
702. (क) किंपुरुषवर्ष
703. (ख) श्रेणिमान्
704. (क) बृहद्बल
705. (ख) पुंड्र देश
706. (ग) नील
707. (घ) उज्जयिनी
708. (क) कुलूत देश
709. (ख) अवंति
710. (ग) चेदि
711. (ख) युधिष्ठिर
712. (घ) भीमसेन
713. (ग) वज्र (श्रीकृष्ण-पौत्र)
714. (ख) श्रीकृष्ण
715. (घ) अर्जुन
716. (क) अग्नि
717. (ग) इंद्राणी
718. (घ) वर्चा
719. (क) धर्म
720. (ख) कर्ण
721. (क) अश्विनीकुमार
722. (ग) गांधारी
723. (ख) कंस
724. (ख) बृहस्पति
725. (घ) हिरण्यकशिपु
726. (ग) अश्वत्थामा
727. (ग) शकुनि
728. (ग) शेष
729. (क) दुर्योधन
730. (क) हंस (गंधर्व)
731. (ख) वायुदेव
732. (घ) विश्वेदेवगण
733. (ख) सिद्धि

734. (क) धृति
735. (ग) रुक्मिणी
736. (ख) सनत्कुमार
737. (ख) अनिरुद्ध
738. (क) मरुद्गण
739. (ग) धर्म
740. (घ) इंद्र
741. (क) विप्रचित्ति
742. (ख) मरुद्गण
743. (ख) भीष्म
744. (क) विष्णु
745. (घ) शिव
746. (ख) विष्णु
747. (ख) बलराम
748. (ख) भीम-दुर्योधन
749. (ख) विदुर
750. (ख) अश्वत्थामा
751. (ग) कृतवर्मा
752. (क) वज्र
753. (घ) युयुत्सु
754. (घ) नेवला
755. (ग) कृपाचार्य
756. (ग) धृष्टद्युम्न
757. (ग) जयद्रथ
758. (ख) नकुल-सहदेव
759. (ख) कर्ण
760. (ग) कुंती
761. (घ) व्यास
762. (ग) विदुर
763. (ख) उलूपी
764. (ग) धृतराष्ट्र
765. (ख) अश्वत्थामा
766. (ख) द्रुपद
767. (ख) इंद्र
768. (घ) अर्जुन
769. (क) माद्री
770. (ग) कर्ण
771. (ग) विदुर
772. (ग) जरासंध
773. (घ) कर्ण
774. (ग) युधिष्ठिर
775. (क) उग्रश्रवा
776. (घ) वासुदेव
777. (क) तिलोत्तमा
778. (घ) दुर्वासा
779. (क) परशुराम
780. (घ) द्रोणाचार्य
781. (क) विदुर
782. (घ) श्रीकृष्ण
783. (ग) युयुत्सु
784. (ख) सत्यवती
785. (ग) नकुल
786. (घ) नकुल
787. (क) सात्यकि
788. (घ) दुर्योधन
789. (ख) कर्ण
790. (ख) जनमेजय
791. (क) विश्वामित्र
792. (घ) श्रीकृष्ण
793. (ग) भीष्म
794. (ख) युधिष्ठिर
795. (ख) सरमा
796. (ग) कण्व
797. (घ) कर्ण
798. (क) अश्वत्थामा
799. (ख) अर्जुन
800. (घ) नंदी
801. (ख) तोता
802. (ख) चूहा
803. (क) महिष (भैंसा)

804. (घ) हंस
805. (घ) युधिष्ठिर
806. (ख) युधिष्ठिर
807. (ख) श्रीकृष्ण
808. (ख) कर्ण
809. (क) अगस्त्य
810. (ख) युयुत्सु
811. (ग) द्रौपदी
812. (ख) शमी वृक्ष
813. (ग) कुंती
814. (ख) युधिष्ठिर
815. (ग) वेदव्यास
816. (घ) गणेश
817. (ग) वैशंपायन
818. (क) अनुष्टुप्
819. (घ) अर्जुन
820. (ग) इंद्र
821. (ख) पुरोचन
822. (ग) उलूपी की दी हुई मणि से
823. (ग) विदुरजी के घर पर
824. (क) युधिष्ठिर के यहाँ रहने लगे
825. (घ) वरुण
826. (क) दुर्वासा
827. (ख) अश्वत्थामा
828. (क) शल्य
829. (ग) श्रीकृष्ण
830. (ख) अश्वत्थ
831. (ख) दग्ध होकर जल गया
832. (क) वेदव्यास
833. (ख) एक कुत्ता
834. (ख) अर्जुन
835. (ग) वेदव्यास
836. (ख) दुर्योधन
837. (क) क्षय
838. (ग) द्यूत फलक
839. (ग) चतुरंग
840. (घ) अग्निवेश्य
841. (ग) धृतराष्ट्र
842. (ख) एकलव्य
843. (क) महर्षि व्यास
844. (ग) इंद्रसेन
845. (ख) धृष्टद्युम्न
846. (ख) भीष्म
847. (क) मुनि धौम्य
848. (ग) कृपाचार्य
849. (क) विदुर
850. (ग) सारथि
851. (क) मंत्री
852. (ख) अमात्य
853. (ख) मंत्री
854. (ग) श्रीकृष्ण
855. (क) प्रातिकामी
856. (घ) सेनापति
857. (ख) सुसामा
858. (क) याज्ञवल्क्य
859. (क) होता
860. (ख) आचार्य द्रोण
861. (ख) अर्जुन
862. (क) चित्रसेन
863. (घ) एक यक्ष
864. (ख) श्रीकृष्ण-अर्जुन
865. (ग) अंबा
866. (ख) उसका राज्याभिषेक हुआ
867. (ख) श्रीकृष्ण
868. (ग) इंद्र
869. (ग) हस्तिनापुर-नरेश विचित्रवीर्य का विवाह करने हेतु
870. (क) सुरंग के द्वारा
871. (क) अर्जुन
872. (ग) मय

873. (ख) कर्ण
874. (ग) मुक्त कर दिए गए
875. (घ) यक्ष व राक्षसों से
876. (क) विदुर
877. (ख) श्रीकृष्ण
878. (घ) नारायणी सेना
879. (घ) युधिष्ठिर
880. (क) चित्रसेन
881. (ख) नकुल
882. (ग) सर्प
883. (घ) कपि (वानर)
884. (क) गृद्ध
885. (घ) काष्ठ चौकी-कमंडलु
886. (ख) गरुड
887. (ख) भीम
888. (घ) अर्जुन
889. (घ) चित्ररथ (गंधर्व)
890. (ख) भीमसेन
891. (क) तीर्थयात्रा पर
892. (ख) घटोत्कच
893. (घ) एकलव्य
894. (क) ब्राह्मण वेश
895. (घ) शिव
896. (ग) उनके वस्त्र (अधोवस्त्र छोड़कर) उतार लिये थे
897. (क) ब्राह्मण वेश
898. (क) विकर्ण
899. (ख) शकुनि
900. (ग) शाल्व
901. (क) सत्यभामा
902. (क) महर्षि व्यास
903. (ग) श्रीकृष्ण
904. (घ) उत्तर
905. (ख) सूर्य
906. (घ) पूर्व
907. (ग) श्रीकृष्ण
908. (ख) उत्तरा
909. (क) दुर्गा
910. (ख) अर्जुन
911. (क) बाह्लीक
912. (क) नारद
913. (घ) श्रीकृष्ण
914. (ग) उत्तरायण
915. (घ) नारद
916. (ख) अर्जुन
917. (ख) युधिष्ठिर
918. (ग) अपने मस्तक पर धारण की
919. (घ) विदुर
920. (घ) किसी दिशा में नहीं
921. (ख) गंगा
922. (ग) दु:शासन
923. (ख) वर्गा
924. (ख) शांतनु
925. (घ) श्रीकृष्ण
926. (ग) मयासुर
927. (क) भीष्म
928. (घ) युधिष्ठिर
929. (क) इंद्रवर्मा
930. (ग) समंतपंचक
931. (ख) नेवला
932. (ग) दृगस्थल
933. (घ) इंद्र
934. (ग) अभिमन्यु
935. (ख) अर्जुन
936. (घ) च्यवन
937. (क) धौम्य
938. (ग) सूर्य
939. (ख) कर्ण
940. (घ) अग्निदेव
941. (ग) द्रौपदी

942. (ख) विदुला
943. (ग) जयद्रथ
944. (ख) युधिष्ठिर
945. (क) चंडकौशिक
946. (ख) जैमिनी
947. (ग) चतुरंगिणी
948. (क) परिवेत्ता
949. (ख) धनुर्वेद
950. (घ) बलराम
951. (क) बलराम
952. (घ) कलियुग
953. (ख) भृगुकुल
954. (क) अर्जुन
955. (ख) प्रतिविंध्य
956. (घ) श्रीकृष्ण
957. (ग) व्याधों
958. (ख) श्रीकृष्ण
959. (ख) धर्मराज
960. (ख) द्रौपदी
961. (ग) युधिष्ठिर
962. (ख) भाद्रपद
963. (ख) फाल्गुन
964. (क) द्वापरयुग
965. (ग) गांधर्व
966. (क) अधिरथ
967. (क) भीष्म
968. (ग) चंद्र वंश
969. (ख) माद्री
970. (क) कर्ण
971. (ग) दुर्योधन
972. (ख) अर्जुन
973. (ग) समुद्र में डूब गई
974. (ख) गतिमान मछली की आँख भेदना
975. (ग) उलूक
976. (ग) गरुड
977. (ख) शेर
978. (ख) कुत्ता
979. (ख) मयूर
980. (क) नंदी (बैल)
981. (ग) भीष्मपर्व
982. (ग) भीष्मपर्व
983. (ग) मोर
984. (घ) राक्षस
985. (क) गुरुभक्ति एवं धनुर्विद्या
986. (ख) सांदीपनि
987. (ख) शांतनु
988. (ख) अक्षय पात्र
989. (घ) रक्त वर्ण
990. (क) स्वस्तिक रेखा
991. (क) अंतर्वेशिक
992. (ख) प्रदेष्टा
993. (घ) वैखानस
994. (ख) वालखिल्य
995. (ग) पत्राहार
996. (ग) उन्मज्जक
997. (ग) सजप
998. (घ) वायुभक्ष
999. (ख) श्रीकृष्ण
1000. (ख) अश्वत्थ वृक्ष

□

परिशिष्ट-1

पांडवों और कौरवों का वंश-वृक्ष

स्वयंभू

अत्रि ऋषि

सोम (चंद्र)

बुध

पुरूरवा

आयु

नहुष

देवयानी=ययाति=शर्मिष्ठा

यदु (यादव वंश आरंभ)   तुर्वसु   द्रह्यु   अनु   पूरु (पूरु वंश आरंभ)

वृष्णि   दुष्यंत

देवरात   भरत

अंधक   हस्ती

शूर (देवमीढ़)   कुरु (प्रतीप)

रोहिणी=वसुदेव=देवकी   कुंती=(पांडु)   गंगा=शांतनु=सत्यवती (पराशर)

बलराम   श्रीकृष्ण   (देवव्रत) भीष्म

चित्रांगद   विचित्रवीर्य[1]

(विचित्रवीर्य की विधवा) अंबिका=वेदव्यास=अंबालिका (विचित्रवीर्य की विधवा)

गांधारी=धृतराष्ट्र   (सूर्य)=कुंती=पांडु=माद्री

दुर्योधन आदि सौ पुत्र[2]   कर्ण   नकुल=करेणुमती   सहदेव=विजया

देविका=युधिष्ठिर   हिडिंबा=भीम=बलंधरा   अर्जुन=सुभद्रा   निरमित्र   सुहोत्र

यौधेय   घटोत्कच   सर्वग   अभिमन्यु=उत्तरा

परीक्षित्=माद्रवती

जनमेजय

---

1. विचित्रवीर्य की दो पत्नियाँ थीं—अंबिका और अंबालिका। विवाह से कुछ समय पश्चात् विचित्रवीर्य निस्संतान ही मृत्यु को प्राप्त हुए थे। तत्पश्चात् महर्षि व्यास (सत्यवती के कानीन पुत्र) ने नियोग द्वारा अंबिका और अंबालिका से धृतराष्ट्र व पांडु को उत्पन्न किया था।
2. धृतराष्ट्र के सौ पुत्रों की सूची के लिए कृपया अगले पृष्ठ पर देखें।

परिशिष्ट-2

महाराज धृतराष्ट्र के सौ पुत्रों की सूची

1. दुर्योधन
2. युयुत्सु
3. दु:शासन
4. दुस्सह
5. दु:शल
6. जलसंध
7. सम
8. सह
9. विंद
10. अनुविंद
11. दुर्धर्ष
12. सुबाहु
13. दुष्प्रधर्षण
14. दुर्मर्षण
15. दुर्मुख
16. दुष्कर्ण
17. कर्ण
18. विविंशति
19. विकर्ण
20. शल
21. सत्त्व
22. सुलोचन
23. चित्र
24. उपचित्र
25. चित्राक्ष
26. चारुचित्रशरासन (चित्रचाप)
27. दुर्मद
28. दुर्विगाह
29. विवित्सु
30. विकटानन (विकट)
31. ऊर्णनाभ
32. सुनाभ (पद्मनाभ)
33. नंद
34. उपनंद
35. चित्रबाण (चित्रबाहु)
36. चित्रवर्मा
37. सुवर्मा
38. दुर्विरोचन
39. अयोबाहु
40. महाबाहु चित्रांग (चित्रांगद)
41. चित्रकुंडल (सुकुंडल)
42. भीमवेग
43. भीमबल
44. बलाकी
45. बलवर्धन (विक्रम)
46. उग्रायुध
47. सुषेण
48. कुंडोदर
49. महोदर
50. चित्रायुध (दृढ़ायुध)
51. निषंगी
52. पाशी
53. वृंदारक
54. दृढ़वर्मा
55. दृढ़क्षत्र
56. सोमकीर्ति
57. अनूदर
58. दृढ़संध
59. जरासंध
60. सत्यसंध
61. सद:सुवाक् (सहस्रवाक्)
62. उग्रश्रवा
63. उग्रसेन
64. सेनानी (सेनापति)
65. दुष्पराजय
66. अपराजित
67. पंडितक
68. विशालाक्ष
69. दुराधर (दुराधन)
70. दृढ़हस्त
71. सुहस्त
72. वातवेग
73. सुवर्चा
74. आदित्यकेतु
75. बह्वाशी
76. नागदत्त
77. अग्रयायी (अनुयायी)
78. कवची
79. क्रथन
80. दंडी
81. दंडधार
82. धनुर्ग्रह
83. उग्र
84. भीमरथ
85. वीरबाहु
86. अलोलुप
87. अभय
88. रौद्रकर्मा
89. दृढ़रथाश्रय (दृढ़रथ)
90. अनाधृष्य
91. कुंडभेदी
92. विरावी
93. प्रमथ (विचित्र कुंडलों से सुशोभित)
94. प्रमाथी
95. वीर्यवान् दीर्घरोमा (दीर्घलोचन)
96. दीर्घबाहु
97. महाबाहु (व्यूढोरु)
98. कनकध्वज (कनकांगद)
99. कुंडाशी (कुंडज)
100. विरजा

परिशिष्ट-3

अक्षौहिणी सेना की रचना

1 रथ, 1 हाथी, 5 पैदल सैनिक तथा 3 घोड़े	= 1 पत्ति
3 पत्ति	= 1 सेनामुख
3 सेनामुख	= 1 गुल्म
3 गुल्म	= 1 गण
3 गण	= 1 वाहिनी
3 वाहिनी	= 1 पृतना
3 पृतना	= 1 चमू
3 चमू	= 1 अनीकिनी
10 अनीकिनी	= 1 अक्षौहिणी

1 अक्षौहिणी सेना में—

रथ	= 21,870
हाथी	= 21,870
घोड़े	= 65,610
पैदल सैनिक	= 1,09,350